SUCESSÃO PLANEJADA, PATRIMÔNIO PROTEGIDO

CARO(A) LEITOR(A),
Queremos saber sua opinião sobre nossos livros.
Após a leitura, siga-nos no **linkedin.com/company/editora-gente**,
no TikTok **@editoragente** e no Instagram **@editoragente**
e visite-nos no site **www.editoragente.com.br**.
Cadastre-se e contribua com sugestões, críticas ou elogios.

FELIPE ESTEVES

SUCESSÃO PLANEJADA, PATRIMÔNIO PROTEGIDO

Como planejar e organizar o futuro do seu legado com menos custo e mais harmonia

Diretora
Rosely Boschini

Gerente Editorial
Rosângela de Araujo Pinheiro Barbosa

Editora Sênior
Audrya Oliveira

Assistente Editorial
Mariá Moritz Tomazoni

Produção Gráfica
Leandro Kulaif

Edição de Texto
Wélida Muniz

Preparação
Gabrielle Carvalho

Capa
Bruno Miranda | Cavalho-Marinho
Estúdio Criativo

Projeto Gráfico
Marcia Matos

Adaptação e Diagramação
Plinio Ricca

Revisão
Carlos César da Silva

Impressão
Assahi

Copyright © 2024 by Felipe Esteves
Todos os direitos desta edição
são reservados à Editora Gente.
Rua Natingui, 379 – Vila Madalena
São Paulo, SP – CEP 05443-000
Telefone: (11) 3670-2500
Site: www.editoragente.com.br
E-mail: gente@editoragente.com.br

Dados Internacionais de Catalogação na Publicação (CIP)
Angélica Ilacqua CRB-8/7057

Esteves, Felipe
　　Sucessão planejada, patrimônio protegido : como planejar e organizar o futuro do seu legado com menos custo e mais harmonia / Felipe Esteves. - São Paulo : Autoridade, 2024.
　　208 p.

ISBN　978-65-6107-007-2

1. Herança e sucessão 2. Direito de família 3. Empresas familiares - Sucessão I. Título

24-1348	CDD 346.81052

Índices para catálogo sistemático:
1. Herança e sucessão

Este livro foi impresso pela gráfica Assahi em papel lux cream 70g em

NOTA DA PUBLISHER

A jornada de geração de patrimônio costuma ser bastante desafiadora. Por incrível que pareça, conquistar o que desejamos é o passo mais simples; preservar, fortalecer e criar estratégias para crescer e expandir esse patrimônio é o trabalhoso, ainda mais diante de um mercado extremamente volátil e de um sistema social burocrático e de altas taxações. Enfrentar e vencer esses obstáculos por si só já é um grande mérito, e resulta em muito orgulho e prosperidade para quem consegue fazê-lo e para quem está junto nessa conquista. No entanto, há um momento dessa jornada para o qual não somos preparados, e que muitas vezes não queremos vivenciar: a hora de planejar a sucessão daquilo que você construiu ao longo da vida.

Passar o bastão é difícil por diversas questões, sejam elas emocionais, estratégicas, egóicas ou burocráticas, mas chega uma hora em que é preciso pensar a respeito disso, e quanto antes tudo for organizado, melhor será o resultado. Afinal, nunca é tarde para pensar no futuro do que tanto importa para você – e aqui não estou falando mais de patrimônio, e sim de pessoas.

Por mais que os bens materiais, os negócios, os investimentos, sejam parte importante de nossa história, a maior herança que construímos ao longo da vida é o legado que deixamos para as pessoas.

São os ensinamentos, os valores, as relações, as emoções, e, claro, o amor que temos por quem está ao nosso lado. Porém, somos todos humanos, e o momento de falar sobre esses aspectos, somados à questão do dinheiro, pode gerar grandes conflitos, capazes de romper até os laços mais fortes e muitas vezes acabar com o que mais vale, que é a união das pessoas.

Diante de vários casos de brigas familiares, rompimentos de sociedades, traumas e endividamentos, o especialista em holding familiar Felipe Esteves traz nesta obra a urgência de se planejar a sucessão patrimonial para garantir o futuro do que você construiu em vida, assim como a estabilidade dos relacionamentos e a prosperidade das pessoas envolvidas nessa etapa. Neste livro, Felipe demonstra como criar uma holding familiar pode ser a maneira mais segura, estratégica e até mesmo econômica de garantir uma sucessão bem-resolvida, garantindo, assim, a proteção de seu patrimônio e dos seus familiares e, principalmente, que a sua herança mais rica seja o amor e a fraternidade.

Esta, portanto, é uma leitura indispensável para todos, em qualquer momento da vida, que desejam garantir que a sucessão de seus bens seja mais um marco feliz e bem-sucedido de sua história.

ROSELY BOSCHINI
CEO e Publisher da Editora Gente

Este livro é dedicado com
gratidáo e amor a meus pais,
minha esposa e meu filho.

SUMÁRIO

PREFÁCIO.. 11

INTRODUÇÃO: DESVENDANDO O PLANEJAMENTO

SUCESSÓRIO 15

01. OS DESAFIOS DA SUCESSÃO 24

02. IDENTIFICANDO A DINÂMICA 38

03. POR QUE NÃO CUIDAMOS DO LEGADO? 56

04. PASSANDO O BASTÃO 72

05. PASSO 1: ELEVANDO O NÍVEL DE

CONSCIENTIZAÇÃO... 96

06. PASSO 2: SUPERAÇÃO 116

07. PASSO 3: ORGANIZAÇÃO 132

08. PASSO 4: COMUNICAÇÃO 146

09. PASSO 5: TRANSFORMAÇÃO.. 166

10. LEGADO DE AMOR 196

11. COMO SER IMORTAL.. 202

PREFÁCIO

Abrir as páginas de *Sucessão planejada, patrimônio protegido*, de Felipe Esteves, é como embarcar numa viagem rumo ao coração da própria família, navegando através das águas, por vezes turbulentas, do planejamento sucessório. Este não é um livro comum sobre gestão de patrimônio; é uma ponte construída com cuidado e dedicação por um homem cuja paixão e compromisso com a verdadeira prosperidade de suas famílias-clientes transcendem o papel de um advogado e consultor.

Felipe Esteves, um profissional que admiro profundamente, traz mais do que expertise e conhecimento técnico acumulado ao longo de sua bem-sucedida carreira. Ele traz sua humanidade, seu coração. Cada capítulo, cada conselho, reflete sua compreensão profunda de que, no centro de todo planejamento sucessório, está o amor: o amor pela terra, pelo trabalho, pelos frutos cultivados e, acima de tudo, o amor pela família.

Este livro também é um tributo ao agronegócio, não apenas como um setor crucial da economia, mas como um legado de famílias que, geração após geração, têm moldado a terra e sido moldadas por ela. O autor não se limita a nos orientar sobre como proteger nossos patrimônios; ele nos ensina a tecer os valores e sonhos que queremos legar ao futuro, transformando a obrigação do planejamento sucessório em uma celebração da vida e da continuidade.

Sucessão planejada, patrimônio protegido é, portanto, muito mais que um livro. É um convite para refletir sobre o que realmente valorizamos, sobre o legado que queremos deixar para as próximas gerações. Felipe nos mostra que, além das estratégias e dos aspectos técnicos, o coração de um verdadeiro planejamento sucessório é feito de histórias, de risadas compartilhadas, de lágrimas enxugadas – é feito de amor.

Esteves nos guia com uma mão firme e um coração aberto, mostrando que, mesmo nos momentos de desafio e incerteza, podemos encontrar uma oportunidade de unir nossas famílias, de fortalecer os laços que nos conectam e de plantar as sementes de um futuro próspero. Ele presenteia o leitor com seu conhecimento e sabedoria, delineando o caminho não apenas para a segurança financeira, mas para a riqueza do indivíduo como um todo.

Ao ler este livro, você não está apenas adquirindo um guia para o planejamento sucessório; você está se juntando a uma comunidade de pessoas que, guiadas pelo Felipe Esteves, escolhem olhar para o futuro com esperança e determinação. Esta obra é um convite para transformar não somente a maneira como vemos nosso patrimônio, mas como vivemos nossas vidas e celebramos nosso legado.

Com *Sucessão planejada, patrimônio protegido*, Felipe Esteves não apenas consolida sua reputação como um profissional excepcional; ele se revela um verdadeiro amigo das famílias que buscam não só prosperidade material, mas uma riqueza que perdurará por gerações.

Este livro é um tesouro de sabedoria e conhecimento, aguardando para ser descoberto por todos aqueles que sonham em deixar um mundo melhor para quem vier depois.

EDUARDO SHINYASHIKI
Neuropsicólogo, palestrante, mentor e autor best-seller

INTRODUÇÃO: DESVENDANDO O PLANEJAMENTO SUCESSÓRIO

Lembro-me de um filme a que assisti com meu pai, seu Antonio, que era baseado em uma história real. A mensagem final me impactou muito, porque dizia algo assim: há pessoas que nunca aprendem com os próprios erros, mas o segredo da vida, o que é realmente importante, é sermos como os sábios, porque eles aprendem com os erros dos outros.

Sei que errei muito na vida. Mas errando e observando os erros dos outros, consegui corrigir rotas e encurtar caminhos. Na tentativa de acertar, também descobri maneiras de criar estradas novas e explorar as que são pouco conhecidas. É assim que me sinto em relação a tudo que sei hoje sobre planejamento sucessório e a aplicação da holding[1] familiar.

---

1 O termo "holding" pode ser traduzido como "segurar, apoiar" e, nesse sentido, indica uma empresa que controla outras. Saiba mais em: MENESES, A. Para que serve uma holding? Descubra o que é, como funciona e modelos. **Investnews**, 13 out. 2023. Disponível em: https://investnews.com.br/guias/holding/. Acesso em: 17 nov. 2023.

Os acertos dos outros também me serviram de inspiração. Lembro do sr. Medeiros[2] que, na nossa primeira reunião, chegou à seguinte reflexão: "Dr. Felipe, a vida só é boa mesmo quando temos algumas fazendas que valem milhões ou o que mais importa é o que vivi, ensinei e desfrutei hoje com minhas filhas e netos, durante nosso almoço de toda sexta-feira?".

Vejo que a proposta de se passar o legado é o que realmente faço no meu dia a dia, no planejamento sucessório. A vida é feita de detalhes. E esse legado está nos pequenos detalhes da vida e não somente naquele patrimônio milionário que muitos supõem ser a grande herança. Também está naquele momento em que você ampara seu filho nos primeiros passos e continua por perto, até quando transfere responsabilidades e o apoia em seu crescimento pessoal e profissional. Participar desse processo me motiva a criar novas maneiras de transferir o conhecimento e a experiência que adquiri em relação ao planejamento sucessório. E essa é a verdadeira razão deste livro.

Os caminhos que todos conhecem na sucessão familiar – inventário, testamento, doação –, aprendi na faculdade de Direito, e trabalhei por anos na área considerando apenas essas opções (assim como muitos colegas fazem). Há dez anos, vivi um momento de profunda reflexão, querendo deixar o trabalho combativo do judiciário, me afastar de toda aquela morosidade, das dissoluções de empresas, do desentendimento entre sócios e familiares, do desgaste dos processos, do dia a dia das audiências nos tribunais. Muito embate, conflitos, brigas, tanto no ambiente urbano quanto no rural.

---

2 Os nomes nos casos relatados nesta obra foram alterados para proteger a identidade das pessoas.

A prática do planejamento tributário e a atuação no direito societário já não atendiam à minha realidade, não eram suficientes para a resolução dos casos que administrava. O que mais queria era encontrar alguma maneira de evitar desavenças e realmente ajudar as pessoas. Percebi, então, que não havia a mentalidade de prevenção – mediação, conciliação, arbitragem – que atualmente é mais conhecida. No mercado, inclusive, existia uma carência de profissionais com esse perfil. Lembro que me sentia bem quando promovia essa mediação/conciliação e conseguia resolver inúmeras questões na antessala da audiência propriamente dita.

Senti que tinha que dar um passo atrás para seguir em frente. O meu ponto de inflexão, da necessária mudança profissional, acabou acontecendo com uma série de exemplos ao meu redor.

Tenho casos de familiares próximos demais, tios e tias, que herdaram um patrimônio bilionário, nas décadas de 1970 e 1980, que foi perdido posteriormente em sua quase totalidade. A família gozava de muito prestígio social e glamour, com carros importados e viagens frequentes à Europa, em uma época bem diferente dos dias de hoje, quando tais luxos eram bem mais restritos e exclusivos. A dilapidação patrimonial se deu de maneira tão acelerada que é impossível explicar para a terceira geração da família que aquilo um dia existiu.

Esses acontecimentos me marcaram muito, e eu sempre me perguntava: será que até hoje não existem mecanismos jurídicos para proteger casos como esses?

Outro salto de consciência na minha vida pessoal e profissional foi cuidar do inventário do meu pai, falecido em 1º de maio de 2012. Ele não tinha patrimônio. Na verdade, era apenas um imóvel, que ficou para a minha mãe. Eu atuei como advogado, inventariante, resolvendo tudo com agilidade, e mesmo assim o processo demorou quase um ano para ser finalizado, por conta de toda a burocracia. Não teve conflito algum, foi tudo resolvido no cartório mesmo, próximo de casa. E pensei: "Nossa, a gente não tinha praticamente nada... Será que todo mundo tem que passar por isso?".

Eu já trabalhava como advogado, em inventários, e o que mais via era conflito: de quem tinha pouco e de quem tinha muito. E percebi como esse processo de inventário pode ser longo e difícil para todos os envolvidos, gerando muito sofrimento. Na prática, a média é de dez anos[3] para se concluir um inventário judicial no Brasil, por conta de brigas, morosidade e tudo mais. Se o do meu pai demorou um ano para confirmar que era nosso um pequeno imóvel, então imagina! Assim, comecei a refletir: será que não existem alternativas?

Foi quando descobri todo um universo de possibilidades dentro do planejamento sucessório nacional e as soluções internacionais, como offshore e trust. Hoje, no direito brasileiro, temos alguns instrumentos mais comuns, como testamento, doação do patrimônio em vida, planos de previdência privada, fundos imobiliários, seguro de vida e holding familiar.[4] Vou destacar as três principais alternativas.

A primeira opção é o **testamento** (que denominamos de declaração de última vontade), que é o mais conhecido de todos.

---

3 GODIM, L. Inventários de pessoas falecidas podem ficar até 10 dias mais rápidos. **Correio Braziliense**, 4 ago. 2022. Disponível em: https://www.correio-braziliense.com.br/brasil/2022/08/5026969-inventarios-de-pessoas-falecidas-po-dem-ficar-ate-10-dias-mais-rapidos.html. Acesso em: 15 nov. 2023.

4 SILVA, T. Divisão da herança: saiba tudo sobre a partilha de bens. **Jusbrasil**, 18 out. 2021. Disponível em: https://www.jusbrasil.com.br/artigos/divisao-da-heran-ca-saiba-tudo-sobre-a-partilha-de-bens/1299446246. Acesso em: 15 nov. 2023.

Não é preciso recolher nenhum tipo de imposto, mas se limita a 50% do patrimônio (o que chamamos de parte disponível) e é preciso validá-lo no judiciário. Depois de validado no judiciário, é necessário entrar com o inventário, ou seja, o testamento não evita esse processo. Apesar de ser um instrumento fácil de operacionalizar (pode acioná-lo direto no cartório de notas ou particular, sendo recomendado o auxílio de um advogado especialista), é necessário adotar os devidos meios e procedimentos previstos em lei para não se tornar nulo, ou anulável, diante de uma série de peculiaridades.

O segundo mecanismo é a **doação via escritura pública**, que pode ser feita em vida, também por meio do cartório de notas, passando a escritura para os filhos, parentes, amigos ou uma instituição (no caso de não haver herdeiros naturais ou legais). Posso instituir ou reservar o usufruto, bem como uma série de regras protetivas. Mas, além de ter o custo da escritura pública, já incide aí o imposto, que é o ITCMD[5] (Imposto sobre Transmissão *Causa Mortis* e Doação), o mesmo da doação e do inventário. Cada estado[6] possui uma legislação específica, com base de cálculo estabelecida em lei própria e uma alíquota que pode variar a até 8% sobre o valor venal dos bens.[7] A título de exemplo, em São Paulo esta alíquota é de 4%; em Minas Gerais é de 5%; no Rio de Janeiro, em Goiás, em Santa Catarina, na Bahia e no Mato Grosso

---

5 ITCMD: como funciona o imposto sobre heranças e quem deve pagar. **InfoMoney**, 17 jul. 2023. Disponível em: https://www.infomoney.com.br/guias/itcmd/. Acesso em: 17 nov. 2023.

6 QUAIS os custos do processo de inventário? **Inventário para Leigos**, 2023. Disponível em: https://inventarioparaleigos.com.br/quanto-custa-inventario-em--2021/#Imposto. Acesso em: 7 dez. 2023.

7 Em 2024, está em tramitação a Proposta de Resolução do Senado nº 57/2019, que visa aumentar a alíquota do ITCMD para 16%. Ainda em 2015, o Conselho Nacional de Política Fazendária (Confaz) enviou ao Senado o Ofício nº 11/2015, propondo uma alíquota de 20%. Essas iniciativas podem ganhar novo impulso com a progressividade obrigatória do ITCMD prevista na reforma tributária.

esta alíquota pode chegar a 8%; no Pará até 6% (no inventário) e até 4% (na doação); e no Amazonas é de 2%, atualmente. Então, soma-se a essa alíquota estadual mais despesas com taxas, emolumentos, encargos judiciais (via judicial) ou cartorários (via extrajudicial) e, em média, de 3% a 10% de honorários advocatícios. Ou seja, vamos contar que a alíquota seja de 10% a 20% sobre o valor venal do patrimônio, só para você ter uma ideia.

Você deve ter percebido que essa conta não fecha. Tanto no inventário como na doação via escritura pública, o custo financeiro é elevadíssimo. Então, os pais (patriarca e/ou matriarca) costumam dizer: "Não vou fazer! Prefiro deixar para o inventário mesmo! Tem patrimônio suficiente para pagar essas despesas". Só que quando isso fica para o inventário, acontece algo que pouca gente sabe, mas é uma realidade: ninguém tem condições de pagar essa conta. Se for uma propriedade de 500 mil reais, por exemplo, esse valor poderia, ao final, facilmente ultrapassar os 40 mil reais e se arrastar por anos.

A terceira alternativa seria a holding, mais especificamente a **holding familiar**, um importante instrumento de planejamento sucessório, que vejo como uma luz no fim do túnel. O termo holding[8] foi inspirado, sobretudo, na legislação estadunidense, e é uma sociedade empresarial (limitada ou por ações) que mantém o controle, a participação e a gestão administrativa com poder de decisão sobre outra ou outras sociedades empresariais. No caso da holding familiar, basicamente trata-se da criação de uma empresa para trabalhar a sucessão patrimonial para os herdeiros, no sentido

---

8 CASTRO, B. Constituição de holding para contenção de conflitos familiares. **OAB MT,** 9 dez. 2011. Disponível em: https://www.oabmt.org.br/artigo/30/constituicao-de-holding-para-contencao-de-conflitos-familiares. Acesso em: 17 nov.2023.

de proteger o patrimônio, garantir segurança, vantagens tributárias e previsibilidade, tudo amparado pela legislação brasileira. No caso de falecimento do fundador (patriarca e/ou matriarca), todas as quotas (sociedade limitada) ou ações (sociedade por ações) dessa holding familiar já estarão cedidas, e os bens, preservados, com a vantagem de reduzir os custos com escrituras públicas e, em alguns casos, a base de cálculo e a alíquota do ITCMD, conforme descrito nas modalidades anteriores.

Na holding familiar, o maior benefício é a preservação do patrimônio e a manutenção da harmonia da família, reduzindo os custos exorbitantes, pois tudo será definido previamente e por meio de um planejamento financeiro. É um instrumento que estabelece em vida o desejo do fundador e, muitas vezes, inclui a vontade dos próprios herdeiros, o que costuma conectar os entes familiares ao que realmente interessa: os laços que os unem, por gerações.

Advogados, em geral, não conhecem planejamento sucessório e principalmente holding familiar, e não se preparam para utilizar essa importante ferramenta jurídica. A maioria não sabe como instrumentalizar essa modalidade, pois na formação tradicional, nas faculdades de Direito, é um tema inexistente. Ainda não existem disciplinas na graduação jurídica que se refiram a tudo que faço hoje: planejamento sucessório, planejamento tributário (empresarial e rural – pessoa física ou pessoa jurídica), contratos rurais ou mesmo holding (familiar urbana ou rural).

Realmente, nos faltam capacitação e subsídios. Aprendemos, sim, sobre inventários, doações e testamentos, mas muita informação aparece desatualizada e inconsistente. Os conteúdos compartilhados em muitas pós-graduações ou nos cursos livres ainda deixam muito a desejar, pois focam a teoria e não a prática. No final, poucos profissionais sabem realmente como manejar esses instrumentos legais, para beneficiar a todos, economizando tempo e dinheiro.

Diante de um mercado carente de profissionais qualificados neste tema, comecei a palestrar em eventos e cursos presenciais a partir de 2015 e, no pós-pandemia, criei cursos e mentorias on-line em que apresento o dia a dia de um advogado de planejamento sucessório e tudo que ele precisa saber para prospectar e captar clientes, dar andamento aos procedimentos completos até a conclusão do planejamento e, inclusive, da pós-conclusão dos planejamentos como forma de manutenção e atualização das estruturas societárias ao longo dos anos.

De maneira prática, mostro que é preciso fazer uma análise prévia, reunir todas as informações, conversando com o fundador e/ou fundadora (e, em muitos casos, também com os herdeiros), para criar esse planejamento da sucessão dos bens e das responsabilidades, além de "organizar a casa", como costumamos dizer. Neste livro, vamos nos aprofundar no tema, e você aprenderá a criar seu próprio checklist, para analisar se a holding seria a melhor opção para o seu caso, porque cada contexto é diferente e personalíssimo.

Muitos chegam ao tema do planejamento sucessório por meio do sofrimento, do desamparo legal e da perda patrimonial, assim como aconteceu comigo. Essa desinformação é o que mais vejo entre os participantes dos cursos que desenvolvo, nos treinamentos, palestras e consultorias que faço. Meus alunos, a maioria advogados e contadores graduados e qualificados nas suas áreas, também desconhecem a modalidade da holding familiar e como aplicá-la com seus clientes.

A minha proposta aqui é encurtar seu caminho e mostrar alguns dos erros mais comuns que testemunhei, em quase vinte anos de prática profissional, como advogado tributarista, consultor e professor.

Sabemos que nenhuma dessas modalidades jurídicas pode trazer alento e paz às famílias e muito menos resolver a dor do luto. Mas a ideia aqui é propor uma reflexão que infelizmente poucos fazem, mas que é extremamente necessária para se preparar para o inevitável, pois não somos imortais. Costumo dizer que é um momento de conscientização sobre a nossa finitude e o legado que vamos deixar para as próximas gerações.

Que este livro lhe ajude a refletir sobre temas tão delicados por meio de um olhar de amor, de carinho, de responsabilidade e que, no fim, nos aproxima ainda mais das pessoas mais importantes da nossa vida.

Focaremos, então, a preservação desse legado e a continuidade da vida, até para fazer jus a todo esforço e dedicação das gerações que nos antecederam. Vamos em frente!

01.

OS DESAFIOS DA SUCESSÃO

O luto é o preço que pagamos por ter coragem de amar os outros.[9]

Percebo, na constituição das holdings e nas consultorias que faço, que a base dos problemas que as famílias enfrentam na sucessão do patrimônio está relacionada a um importante tópico: a conscientização. A maioria das pessoas não sabe da importância de cuidar do patrimônio e de realizar a sucessão ainda em vida. É compreensível que haja alguma desinformação, medo ou tabu diante de algo que poderia ser visto como uma passagem natural dos bens para a próxima geração. Vamos discutir essas causas mais adiante.

Outro ponto importante é que, quando inexiste planejamento sucessório, nos resta o conhecido inventário como meio da sucessão *causa mortis*, que é desgastante, oneroso, com raras reflexões da sociedade acerca do tema, dos procedimentos e dos seus custos em geral. Inclusive, seja entre familiares e/ou sócios, quase todos evitam tratá-lo com a importância que merece o tema.

Quando falamos em sucessão, entramos em algo muito delicado: onde há dinheiro envolvido, há o aumento de discussões, desconfianças e conflitos que perduram por muito tempo. Infelizmente, muitas famílias acabam desunidas por conta de brigas financeiras, e a principal herança que os pais poderiam deixar, aquela que é intangível, se perde em meio a conflitos que seriam evitados com bastante facilidade.

---

9 YALOM, I. D.; YALOM, M. **Uma questão de vida e morte**. São Paulo: Planeta, 2021.

O que mais vejo acontecer, exatamente por causa da falta de comunicação e de providências para a sucessão, é a trilogia, do ditado popular, pai rico > filho nobre > neto pobre, algo que está no imaginário das pessoas e que garante a descontinuidade das gerações:

A realidade e a ordem natural é esta:

Pai rico
Geração fundadora: crise de sucessão.

Filho nobre
Segunda geração: crise de liderança.

Neto pobre
Terceira geração: crise de identidade.

A SUCESSÃO COMO ALGO NATURAL

Vejo o planejamento sucessório como um rito de passagem: preservar o que foi construído para que seja naturalmente transferido para os herdeiros. É um fluxo contínuo, de deixar um legado que pode ser um patrimônio material (composto por dinheiro, investimentos, participações societárias, bens imóveis e bens móveis) e imaterial (baseado em valores, experiências e princípios). Sinto que é um modo de proteger e amparar os que vêm depois de nós, uma maneira de cuidar dos filhos e netos, disponibilizando uma estrutura para os que virão.

Infelizmente, testemunho, todos os dias, situações que são o oposto desse ideal, porque costumamos adiar decisões que poderiam poupar muito sofrimento e perda patrimonial. Conheço casos que envolvem a perda do fundador (o pai) e/ou a fundadora (a mãe) e um legado de dívidas e descaso com o patrimônio, levando os herdeiros ao desamparo e à falência, simplesmente por não terem se preparado para a transição.

Gladston Mamede,[10] querido amigo e um dos precursores do tema holding familiar, costuma mencionar em suas obras, com a participação conjunta com sua esposa Eduarda Mamede, que planejamento sucessório é um ato de amor. Concordo plenamente e ouso complementar: um ato de amor que transcende o patrimônio material. Quando temos essa consciência, fica mais fácil tomar providências e encarar as próximas fases como planejamento de vida (sua e dos outros). Porque a vida continua, sempre, quando fortalecemos os laços que unem as gerações.

É muito prazeroso perceber que a sucessão do patrimônio imaterial, aquele que não se pode medir, também ganha a atenção dos mais novos. Vivenciei isso atendendo o Osvaldo, um amigo que virou cliente. Filho de um grande produtor de camarão da região Nordeste do Brasil, ele nunca quis participar dos negócios da família e optou por se graduar em Psicologia. Estava caminhando bem na profissão até que teve que mediar um conflito com arrendatários de um dos grandes imóveis da família. Após desfazer o contrato de arrendamento, começou a se informar sobre a empresa do pai e acabou se apaixonando. Largou a psicologia e abraçou a gestão dos negócios. Atualmente, viaja para congressos nacionais e internacionais da área levando o nome da empresa familiar, faz mentorias com

---

10 MAMEDE, G.; MAMEDE, E. C. **Planejamento sucessório**: introdução à arquitetura estratégica – patrimonial e empresarial – com vistas à sucessão *causa mortis*. São Paulo: Atlas, 2015. p. 8.

especialistas do mundo todo e tem estruturado o empreendimento para se tornar uma exportadora nos próximos anos. Mesmo que não tenha havido a sucessão formal, já percebemos a transição da gestão acontecendo na prática.

Claro que essa "passagem de bastão", como costumo chamar, não acontece sempre de maneira tão harmônica. É comum que o patriarca ou a matriarca tenham resistência a iniciar essa fase. Outra possibilidade é o desinteresse dos herdeiros (e até a aversão deles ao negócio), que tende a ser outro ponto de conflito e de desgaste, mais frequente no ambiente urbano que no rural, pelo que percebo.

A grande maioria não compreende a importância da sucessão planejada, mas trabalho diariamente em prol dessa conscientização, e este livro nasceu dessa necessidade. Muitas famílias que atendi me mostraram como a falta dessa conscientização pode ser catastrófica.

Quando conheci o seu João e a dona Adriana, o patrimônio deles era formado por nove imóveis urbanos, duas fazendas e alguns investimentos. Um patrimônio considerável, se compararmos com a média da sociedade brasileira. Mas, ao conversarmos por algumas horas, percebi que isso simbolizava algo próximo a 5% do total do acervo patrimonial original. Por questões de brigas e conflitos familiares na geração anterior (pais e tios), os filhos pretendiam proteger o patrimônio de novas e prováveis desavenças que pudessem arruinar de vez o patrimônio por completo.

Em outro caso, o cliente Pedro tinha dois imóveis de alto padrão dentro de um condomínio fechado de classe alta, e queria deixar tudo organizado em vida. Ele sentia que os três filhos e os parentes agregados (genros e noras) não estavam em harmonia, mesmo com presença física do patriarca, e imaginava como poderia ser na sua ausência. No entanto, ele demorou demais para concluir essa reflexão, dizia que não era a prioridade da sua vida, e acabou falecendo depois de alguns anos. Os filhos, então, venderam os dois imóveis, entraram em conflito durante o inventário e gastaram todo o valor em poucos meses e, hoje, além de não terem um lar, se encontram em grande dificuldade financeira.

O conflito familiar muitas vezes está tão evidente que se transforma em rotina e faz parte da dinâmica do convívio com filhos e netos. Mas entendo que isso não pode ser considerado "normal", mesmo que seja o dia a dia de uma família. Infelizmente, era assim que funcionava com o Mário e a Tatiana, que compartilhavam uma vida "comum", na qual amigos e parentes se tratavam com rispidez e até grosseria. Quando fui conversar com os filhos, notei que teríamos um longo caminho pela frente, pois as discussões constantes tornavam o diálogo entre irmãos quase impossível. Mesmo que não parecesse haver agressões verbais ou físicas, era visível que não existia clima para um planejamento pacífico e uma transição harmônica e ideal.

Agora, meu caro leitor, vamos imaginar esse relacionamento tóxico dentro de um processo de inventário, que envolve custos financeiros e temporais e anos de intervenções processuais. Além disso, temos os custos emocionais, pois percebo que a perda do ente querido faz com que a nossa capacidade de tomar as melhores decisões fique limitada, e a situação só se agrava.

Veja o caso de um médico que atendi, que era casado com uma advogada, herdeira de fazendas, todas administradas por seu irmão. Mesmo tendo prejuízos por falta de gestão eficiente e comprometendo toda a reserva familiar, esse gestor não admitia a possibilidade de reorganizar o patrimônio. Os filhos de cada um dos irmãos da advogada não conheciam sequer uma das oito fazendas e alguns tinham aversão aos negócios.

OS DESAFIOS DA SUCESSÃO **29**

"Sabe o que vai acontecer lá na frente?", perguntei para eles.

"Sim, sabemos, doutor", responderam. "Conflitos, desgastes, venda dos imóveis por valores bem abaixo do mercado e essa família nunca mais será a mesma coisa."

O aspecto mais complicado desses exemplos são as brigas familiares, que dilapidam todo o patrimônio que poderia ser transferido tranquilamente para duas ou mais gerações. Talvez o mais grave seja a perda do que é mais valioso na vida de qualquer um: a paz, o intangível que não pode ser visto, mas pode ser sentido.

INVENTÁRIO: O MAIOR VILÃO

Quando não se organiza o planejamento sucessório, caminha-se naturalmente para o inventário, um sistema muito antigo,[11] herdado da legislação portuguesa vigente no Brasil no período colonial (séculos XVI a XIX) e que posteriormente estabeleceria como deveria ser realizada a partilha dos bens.

Só o nome "inventário" já assusta a maioria das pessoas. Mesmo quem nunca vivenciou o processo sabe que é algo difícil e indesejável. No entanto, costuma ser mais fácil conversar sobre sucessão com aqueles que já vivenciaram essa dor ou conhecem algum caso próximo e, assim, estão mais abertos a falar das alternativas mais efetivas e descomplicadas.

Percebo uma alarmante falta de informação no que diz respeito ao funcionamento do inventário, e poucos sabem que todos os brasileiros estão sujeitos a esse sistema caso não cuidem da sucessão

---

11 VOGT, O. P.; RADÜNZ, R. Do presente ao passado: inventários *post-mortem* e o ensino de história. **Revista Latino-Americana de História**, v. 2, n. 6, p. 25-39, ago. 2013. Disponível em: https://dialnet.unirioja.es/descarga/articulo/6238664. pdf. Acesso em: 4 dez.2023.

dos seus bens ainda em vida. As dores do inventário existem, são diversas e envolvem problemas que inevitavelmente impactarão no financeiro, no emocional e na harmonia familiar e empresarial. Presenciei inúmeras situações que vou compartilhar, para facilitar o entendimento.

Ouço alguns dizerem que não querem se preocupar com o tema planejamento sucessório, já que possuem patrimônio suficiente para deixar para os filhos, que não terão problemas e contarão com as melhores condições para seguirem em frente, como se a questão patrimonial fosse a única neste cenário.

Mas, mesmo seguindo somente a linha patrimonial, há situações imprevisíveis que podem mudar o fluxo natural dos acontecimentos. Imagine, por exemplo, um empresário casado cujo cônjuge veio a falecer e, assim, é ele que terá que enfrentar todos os custos de um inventário. Ou uma matriarca que conduz a empresa da família, mas acaba perdendo o parceiro de vida e de empresa. Portanto, também terá que inventariar boa parte do patrimônio, passar por essa dor. Não será algo que ficará apenas para os filhos resolverem, pois um dos cônjuges passará, obrigatoriamente, por isso.

Em outros casos, que já presenciei algumas vezes, ocorreu o falecimento de um filho antes do pai ou da mãe, totalmente contra a ordem natural da vida, mas que ocasionou perda de metade do patrimônio familiar para o cônjuge do filho, pois este detinha considerável quantidade do patrimônio dos pais e, por vezes, dos irmãos em seu nome, sem qualquer tipo de planejamento patrimonial organizado.

Essas situações envolvem um custo elevado, tanto **financeiro** quanto **emocional**, que pode atingir a vida de qualquer um, como você, e o patrimônio que trabalhou tanto para conquistar. Outro custo a ser considerado é o **tempo** que pode perdurar um processo desse. Li recentemente sobre o inventário mais longo do Brasil:[12] o processo de sucessão do comendador Domingos Faustino Correa, que morreu em 1873; uma ação que tramitou por 107 anos. Com mais de dois mil volumes de documentos acondicionados em 520 caixas, todo esse material preenche uma sala inteira no Foro de Rio Grande, onde está acomodado em treze estantes.

Quais são as regras do inventário e como executá-lo?[13]

Inventário é um procedimento obrigatório (ainda que o falecido não tenha deixado patrimônio), e está estabelecido no código civil, na parte de sucessões. Pode ser judicial ou extrajudicial (via cartório). Com o falecimento de uma pessoa, abre-se um inventário (no último local de domicílio do falecido e com prazo de sessenta dias após o óbito, conforme o artigo 983 do Código de Processo Civil), elege-se um inventariante (que pode ser um familiar ou um advogado), nomeia-se os bens e lista-se os herdeiros necessários. Segundo a ordem estabelecida na legislação brasileira (artigo 1.829 do Código Civil), existe uma linha sucessória que define quem poderá receber a herança, seguindo esta ordem:[14]

---

12 INVENTÁRIO mais longo do país agora é material de pesquisa chega ao fim. **ANOREG/BR**, 6 jun. 2006. Disponível em: https://www.anoreg.org.br/site/imported_6430/. Acesso em: 4 dez. 2023.

13 O QUE é o inventário e para que serve? **Jusbrasil**, 25 nov. 2016. Disponível em: https://www.jusbrasil.com.br/artigos/o-que-e-o-inventario-e-para-que-serve/408825749. Acesso em: 4 dez. 2023.

14 ENTENDA o que é inventário e quanto custa receber uma herança. **Meu Bolso em Dia**, 28 jul. 2021. Disponível em: https://meubolsoemdia.com.br/Materias/inventario. Acesso em: 5 dez. 2023.

- Descendentes (filho, neto e bisneto) em concorrência com o cônjuge;
- Ascendentes (pai, avô, bisavô) em concorrência com o cônjuge;
- O cônjuge (caso não haja descendentes ou ascendentes);
- Parentes colaterais (os de até 4º grau, na ordem: irmãos, sobrinhos, tios e primos).

Caso não tenha herdeiros necessários e se ninguém se manifestar por cinco anos[15] (existem regras específicas), os bens vão para o Estado (mais precisamente para o município onde está localizado o patrimônio). Imagine tudo que você construiu sendo transferido para o Estado, apenas porque não houve um planejamento da sucessão dos seus bens, conforme a sua vontade!

Grande parte dos problemas que vejo no trâmite dos inventários está relacionada ao desacordo com essas determinações legais. O que era para ser simples e objetivo, baseado em normas claras, muitas vezes é visto de maneira emocional, e então ocorrem as desavenças.

No planejamento sucessório, pode-se mudar essa regra impositiva do Estado e, a partir daí, temos alguns instrumentos, como o testamento, a doação via escritura pública e a holding familiar. A previdência privada e o seguro de vida não anulam a necessidade do inventário, mas podem ser utilizados como

---

15 COSTA, D. Herança jacente e herança vacante. **Enciclopédia Jurídica da PUCSP**, 2021. Disponível em: https://enciclopediajuridica.pucsp.br/verbete/468/edicao-1/heranca-jacente-e-heranca-vacante. Acesso em: 5 dez. 2023.

interessantes instrumentos complementares, tema em que nos aprofundaremos mais adiante.

É importante destacar que o Brasil é um dos países que menos tributa esse imposto sobre patrimônio e herança no mundo, como você verá a seguir. O país se concentrou muito mais na carga tributária de consumo, renda, circulação de mercadoria etc. No entanto, essa tributação é demasiada porque os cálculos se baseiam no valor atualizado das propriedades. A partir do momento em que todos os estados padronizarem a alíquota para até 8%, poderemos chegar à tributação média de 10%, somando os custos advocatícios e de ação no judiciário,[16] caso seja um inventário judicial (em caso de conflito ou quando envolve filhos menores de idade), que é o mais usual.

E por que o Brasil é um dos que menos tributa comparado, por exemplo, ao Japão (55%), à França (45%) e aos Estados Unidos (40%)? Porque nesses países, as famílias entendem a necessidade do planejamento sucessório, então criam estruturas societárias semelhante à nossa holding para passar os bens ainda em vida, sem essa carga tributária tão elevada.

---

16 Cada tribunal de justiça tem uma tabela da corregedoria, mas é, em média, de 1% sobre o valor do inventário. Se for realizado no cartório de registro de imóveis, o custo é menor, em torno de 0,3 a 0,5%. Soma-se a isso os custos com certidões, escritura pública, taxas cartorárias e outras despesas. Para saber mais, acesse: QUAIS os custos do processo de inventário? **Inventário para leigos**, fev. 2021. Disponível em: https://inventarioparaleigos.com.br/quanto-custa-inventario-em-2021/#Custasjudiciais. Acesso em: 07 dez. 2023.

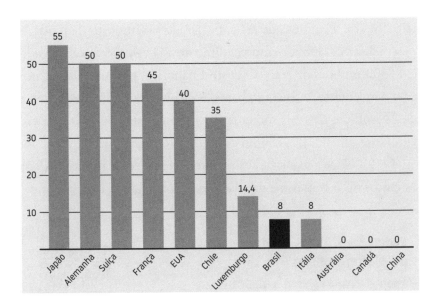

Fonte: EY - *Folha de S.Paulo.*[17]

O QR Code a seguir dá acesso a uma tabela com as alíquotas de Imposto sobre Tributação *Causa Mortis* e Doação (ITCMD), o chamado "imposto sobre heranças", nos diferentes estados do Brasil.

Tabela ITCMD
Aponte a câmera para o QR CODE para acessar o conteúdo:

https://estevesholding.com.br/tabela-itcmd/

---

17 Herança x doação no mundo: veja quantos países cobram pela transferência de bens. **Folha de S. Paulo.** Disponível em: https://arte.folha.uol.com.br/graficos/d4A1J/. Acesso em 6 dez. 2023.

OS DESAFIOS DA SUCESSÃO

Um dos meus clientes de Goiás, por exemplo, conta com patrimônio de 5 milhões de reais, declarado no imposto de renda, e possui diversos tipos de empreendimentos. O valor total de mercado é de 300 milhões de reais. O custo financeiro, portanto, caso fosse para o inventário, teria como base de cálculo esse valor, ou seja, cerca de 24 milhões de reais somente de imposto estadual *causa mortis*. Com esse cálculo, fica claro o custo de não se organizar a sucessão.

O QR Code a seguir dá acesso a um vídeo no qual explico melhor os custos do inventário e da ausência do planejamento sucessório:

Vídeo 1 – Custos da ausência de planejamento

Aponte a câmera para o QR CODE para acessar o conteúdo:
https://estevesholding.com.br/custos-da-ausencia-do-planejamento-sucessorio/

Tratamos, neste capítulo, dos principais desafios que envolvem a falta de planejamento sucessório. Seguimos em frente, em busca do entendimento das questões mais comuns da sucessão, caminhando em direção à segurança do seu patrimônio familiar.

PORQUE A VIDA CONTINUA, SEMPRE, QUANDO FORTALECEMOS OS LAÇOS QUE UNEM AS GERAÇÕES.

@HOLDINGFAMILIAR

02.

IDENTIFICANDO A DINÂMICA

Coisa alguma jamais me satisfará, por mais excelente ou benéfica que seja, se eu precisar guardar apenas para mim o fato de que a conheço... Não há prazer em possuir uma coisa boa sem amigos com quem compartilhá-la.[18]

Nesses anos lidando com planejamento sucessório, percebi que existe um momento de inflexão, de mudança, em que se estabelece (ou não) o ponto da sucessão. Esse instante pode nascer de uma conversa sobre organizar os bens e a documentação em vida, quando se reavalia a própria trajetória e vê que precisa definir alguns pontos para deixar o legado e cuidar dos descendentes, dos entes queridos.

Muitas vezes, essa reflexão é provocada pelo falecimento de um parente ou quando algum caso vem à tona, mostrando exemplos de desatenção e enganos na passagem do patrimônio. Nem sempre essas histórias têm final feliz, e você já deve ter ouvido algumas delas.

DESAFIOS E PREOCUPAÇÕES

Todos os dias, em conversas com clientes, amigos e familiares, fico sabendo de casos que envolvem a falta de planejamento sucessório.

Muitas vezes, os clientes sentem uma dificuldade extrema em pensar na sucessão, pois não conseguem identificar a estrutura ou o negócio sem eles, justamente porque faltam profissionais que compreendam seus reais interesses. Fazendo uma analogia com *trust* (confiança, em inglês), se faz necessário ter um profissional que saiba unificar os interesses do empresário ou produtor rural com todos

---

18 SÊNECA. **Cartas de um estoico**: volume I. São Paulo: Montecristo Editora, 2021.

os profissionais que estão envolvidos ao longo de todo o processo sucessório: antes, durante e depois.

Todo mundo reflete ou deveria refletir sobre este ponto: o que quero que aconteça com o meu patrimônio/legado quando eu não estiver mais aqui?

Reúno, a seguir, as questões mais comuns que encontro no meu dia a dia.

Medo de falar da sucessão

Talvez hoje você esteja preocupado que seus filhos não saibam como assumir o comando empresarial e/ou financeiro da família ou não tenham habilidade suficiente para tanto, e sente que, quanto mais o tempo passa, menos oportunidades tem de efetivamente deixá-los amparados na vida.

Falar da sucessão não é simples. É difícil para os pais, que percebem a própria finitude, e complicado para os filhos, que sentem que um dia os pais não estarão mais aqui. Mas eu me lembro de um caso que ilustra como pode ser perigoso adiar essa conversa.

Era antevéspera do Natal, eu estava saindo do escritório e recebi uma chamada de um número desconhecido: um empresário de uma rede de farmácias que queria conversar alguns minutos. Nesse primeiro contato, fiz um diagnóstico da composição familiar, do cotejo patrimonial e das questões que envolviam a administração do negócio. Depois de uma hora e meia de ligação, chegamos à conclusão de que, se essa família passasse mais um Réveillon sem enfrentar o problema, o legado de décadas desmoronaria em pouco tempo.

Em outro caso, a reflexão sobre a sucessão tardou e, após meses da ausência do fundador, o império havia começado a se desestabilizar. E não foi somente pela complexidade natural da transição na gestão, mas pela inexistência de diálogo familiar. A falta de diálogo (em qualquer tipo de relacionamento) costuma aumentar a distância entre pais e filhos, e essa situação, por vezes, se torna tão difícil que, se estiverem sentados no mesmo sofá e separados apenas por poucos centímetros ou pelo ar da sala, mesmo assim poderão construir uma muralha quase intransponível, sem convívio nem entendimento.

A quebra desse legado patrimonial se deu em poucos anos e, o pior de tudo, todos os envolvidos carregam esse fardo até hoje, pois impactou completamente a vida dos filhos e netos, que foram "contaminados" pelas decisões desfavoráveis desse sistema familiar, que era baseado na força reativa e na impaciência.

Tenho conhecidos que possuíam um patrimônio quase incalculável e que perderam tudo, pois havia outro aspecto que era bem mais fácil de calcular: o tempo! Seja por conta da resistência do fundador ou pelo desinteresse dos herdeiros, o tempo é implacável com os que não constroem relacionamentos familiares sólidos. O resultado é um futuro inconsistente, no qual o prioritário não recebe os devidos cuidados, e os momentos mais importantes, com as pessoas que amamos, são colocados em segundo plano.

Receio de tomar a iniciativa da sucessão

Tenho clientes empresários urbanos e do ramo do agronegócio, mas percebo que, com frequência, quem dá início à reflexão e pensa no planejamento sucessório é a esposa, a fundadora. Mesmo quando está em uma posição secundária na liderança dos negócios, geralmente é ela que inicia as conversas sobre sucessão, que pesquisa as possibilidades, que instiga o marido a organizar essa questão.

O público feminino é maioria entre meus clientes, alunos, leitores e seguidores, e são elas que mais instigam e buscam saídas para todos os conflitos.

Das mais de 6 milhões[19] de propriedades rurais no Brasil, quase dois milhões[20] são dirigidas por mulheres. Tenho muitas clientes que são líderes rurais e dirigem grandes negócios, e é comum tomarem a frente na hora de regularizar a situação patrimonial, definir a sucessão da gestão, organizar as coisas. Vejo que a mulher tem uma atenção especial em preservar o patrimônio, proteger os filhos, organizar a documentação, tomar as devidas providências, em todos os sentidos.

Filhos também me procuram com bastante frequência para iniciar uma conversa sobre sucessão, visando levar estratégias para iniciar uma conversa com os pais, pesquisando possíveis caminhos para esse planejamento adequado para a sua família.

Sei que você pode estar pensando que essas reflexões nunca passaram pela sua cabeça, talvez nem soubesse que existissem novas possibilidades. Tendo patrimônio ou não, é importante começar a pensar nisso. E se você está planejando conversar com seu cônjuge ou com seus pais sobre esse tema tão sensível, é bom ter todas as informações em mãos. A hora certa chegará.

---

19 BRASIL possui mais de 6 milhões de imóveis rurais. **Canal Rural**, 13 fev. 2022. Disponível em: https://www.canalrural.com.br/agricultura/brasil-possui-mais-de-6-milhoes-de-imoveis-rurais/. Acesso em 15 fev. 2024.
20 ROSSO, G. Mulheres dirigem 1,7 milhão de propriedades rurais no Brasil e continuam quase invisíveis. **Emprapa**, 13 dez. 2023. Disponível em: https://www.embrapa.br/busca-de-noticias/-/noticia/85746945/mulheres-dirigem-17-milhao-de-propriedades-rurais-no-brasil-e-continuam-quase-invisiveis. Acesso em: 15 fev. 2024.

Sentir que a todo momento a pauta "dinheiro" pode fazer a família ruir

A falta de comunicação e transparência são pontos importantes aqui. Tive casos em que, na hora do levantamento dos bens, o cliente havia esquecido que era proprietário de um pequeno terreno no Tocantins e, em outro, os herdeiros desconheciam fazendas no Piauí. Isso é muito mais frequente do que se imagina.

O filho de um fazendeiro, uma vez, me disse: "Não sabia que o papai tinha esse imóvel!". Infelizmente, ele não estava regularizado e a família perdeu de 20% a 30% do patrimônio, porque já havia sido usucapido.[21] O pai cedera para uma pessoa, a título de comodato, e os familiares não sabiam quem era, nem a dimensão da área, muito menos tinham qualquer tipo de contrato formalizando tal ato. A falta de um levantamento, de inventariar tudo que possui ainda em vida, de reunir de uma maneira mais organizada, traz esse prejuízo mais adiante. E resolver a questão, muitas vezes, começa com o simples ato de falar sobre o assunto.

Então, esta é a primeira pergunta que você deve se fazer: qual é o tamanho do meu patrimônio?

Em diversos momentos, os pais evitam essas conversas. Acabam se distanciando dos filhos e não tratam dos problemas financeiros e dos desafios do dia a dia, deixam de compartilhar o conhecimento e a expertise dos negócios da família enquanto estão presentes na vida deles. Também percebo que nem sempre ensinam a prática e

---

21 É o direito que um cidadão adquire devido à posse de um imóvel ou móvel, por utilizá-lo por determinado tempo. Saiba mais em: RIBEIRO, A. O que é usucapião? **Jusbrasil**, 5 jul. 2016. Disponível em: https://www.jusbrasil.com.br/artigos/o-que-e-usucapiao/357650431. Acesso em 15 fev. 2024.

as rotinas da empresa que dirigem, no caso de empreendimentos familiares ou propriedades rurais.

Medo de algumas pessoas ficarem desamparadas, sem você como fonte de renda

Vivemos tempos de família mosaico, com novas configurações dos relacionamentos. São núcleos familiares compostos por dois, três ou quatro casamentos anteriores e seus descendentes, frutos dessas uniões.

No casamento atual, muitas vezes, você tem um filho mais novo, com poucos anos de vida e este tem irmãos adultos (por parte do pai e/ou por parte da mãe) decorrente de matrimônio ou relacionamento anteriores, que, muitas das vezes, trabalham nos negócios da família ou se estabeleceram na profissão e construíram um patrimônio próprio, pois receberam seu suporte e aporte financeiro ao longo dos anos. Como fica, então, a situação desse filho mais novo, caso ocorra a perda do pai ou da mãe?

Talvez uma solução seja, na composição de irmãos por parte do pai, este deixar um patrimônio já em nome da atual esposa, por exemplo, porque automaticamente vai ser direcionado para o caçula. Claro que depende do regime de casamento, que geralmente é o de comunhão parcial de bens, apesar de que caminhamos, no futuro um pouco distante, para que se predomine o regime de separação total de bens.[22]

---

22 BARONI, A.; CABRAL, F.; CARVALHO, L. Regime da separação total de bens. **Jusbrasil**, 22 dez. 2019. Disponível em: https://www.jusbrasil.com.br/artigos/regime-da-separacao-total-de-bens/795030356. Acesso em: 15 fev. 2024.

Ver a família se separando por conta da herança

Infelizmente, conheço centenas de casos que ilustram este tópico. Mesmo que você nunca tenha passado por isso, certamente conhece algum exemplo na sua família ou entre os amigos.

Filhos brigando por propriedades, irmãos que não se falam, alguns querendo uma parte maior do patrimônio por serem mais velhos, bens e valores que "somem" da noite para o dia. O momento da perda de um ente querido se transforma em conflito familiar, disputas judiciais, desacordos e brigas (até físicas). O pior do ser humano emerge quando sua sobrevivência financeira (e/ou a dos seus) está em jogo. O dinheiro parece fazer aflorar a verdadeira face de uma pessoa, que pode brigar por amor, dinheiro, controle, poder. É difícil registrar algo assim, mas é o que presencio com uma triste frequência.

Quando não se planeja a sucessão, o patrimônio vai automaticamente para o inventário. Tomemos por exemplo um condomínio herdado por quatro irmãos. Alguns deles não se falam, os cônjuges não se dão bem. O condomínio vai se transformar em uma escritura pública no nome dos quatro. Se um quiser vender, e o outro não, já vai ter briga ali, porque precisa da concordância dos envolvidos. Caso um deles faleça, entram em cena os herdeiros, e a concordância de todos continua sendo obrigatória. Já vi processos assim se arrastarem por décadas.

> Este é um ponto importante: se você identificar que terá alguma disputa entre os herdeiros, a recomendação é doar em vida para algumas pessoas (via escritura pública, realizada no cartório de notas), para evitar conflitos futuros. Vamos nos aprofundar nessas soluções mais adiante.

Outra situação é quando há filhos extraconjugais ou de casamentos anteriores que vão entrar no inventário. Esse é um perfil que atinge uma parcela de 25% dos meus clientes, então é um número considerável que precisa de atenção para não deixar ninguém desamparado, porque todos têm direitos.

Lembro do caso do Frederico e da Rafaela, que eram irmãos muito unidos. Jamais haveria algum tipo de animosidade naquela dupla. O conflito foi justamente causado por um dos cônjuges. Quando os pais deles faleceram, as empresas da família ficaram sob o controle do marido da Rafaela, Joaquim, que questionava diariamente como a esposa poderia ser administradora, já que nunca havia colocado os pés lá. Isso acabou influenciando a saída de Rafaela dos negócios.

A empresa não possuía liquidez e não tinha condições de indenizar uma sócia que possuía 50% de participações societárias. Resultado? O empreendimento, que antes gerava lucros e sustentou, por décadas, duas gerações, não conseguiu realizar o pagamento dos haveres do seu sócio retirante. Logo faliu, o que causou sérios problemas financeiros e familiares. E tudo ocorreu em um negócio formado por dois irmãos que se amavam e que tinham um histórico de vida bastante harmônico.

Não saber se é cedo demais para cuidar da sucessão

Este é um tópico essencial, porque geralmente associamos o planejamento sucessório a pessoas na UTI (Unidade de Terapia Intensiva), acima dos 80 anos, por vezes debilitadas. Muitos imaginam que a melhor hora de cuidar da sucessão é quando se está mais idoso ou se aposentando, querendo parar de trabalhar. No caso dos empresários ou produtores rurais, pode ser o momento em que preparam alguém para ajudar nas tarefas e assumir os negócios.

Lembro que refletir sobre a sucessão foi bastante difícil na minha vida. Não queria nem pensar no assunto, não gostava nem de imaginar a perda do meu pai. Infelizmente, ainda não temos a cultura da sucessão no Brasil, diferentemente de outros países, que cuidam disso desde o nascimento dos filhos. Então, não é visto como algo natural, como deveria ser. Descobri, na prática, que não existe treinamento, em lugar nenhum, que nos prepare para isso, porque estamos sempre focados em adquirir patrimônio, não em organizar o legado.

Neste momento, sentado em frente ao Coliseu, em Roma, tomando um café, me recordo do imperador romano Marco Aurélio, que alertava para essa dicotomia, afirmando que as pessoas se preocupam, cada vez mais, em adquirir terras, aumentar o patrimônio, mas não se dedicam a preservar o que já construíram.[23] Veja, é um pensamento de dois mil anos atrás!

Apesar de parecer uma ideia que sempre existiu em algumas culturas, ela pode ser reformulada. Você pode ser aquele que começará a pensar de uma maneira diferente, que mudará o modo como as coisas acontecem. Isso vai ter um impacto gigantesco na sua vida, independentemente da sua idade, porque a reflexão só requer maturidade, não está relacionada aos anos de sua existência. Ela exige, sim, compreensão e entendimento de que contamos com o fator imprevisibilidade. Não sabemos quando vamos partir, isso não está escrito em lugar nenhum, portanto, é bastante lógico que nos preparemos para o fim dessa jornada.

A própria vida nos ensina como devemos proceder, o que me recorda um caso interessante de planejamento sucessório. O cliente,

---

23 MARCO AURÉLIO. **Meditações**. São Paulo: Martin Claret, 2005.

em uma das reuniões, comentou que tinha um filho extraconjugal, mas com quem tinha pouco contato (é importante lembrar que os direitos de todos os filhos são protegidos pela Constituição Federal do Brasil).

Na união atual, eram dois filhos, e um deles se destacava por ser seu braço direito nos negócios da fazenda. Segundo os planos iniciais do patriarca, aquele filho fora do casamento receberia uma proporção mínima e teria que buscar seus direitos no judiciário (apesar de o nosso escritório haver sugerido outra estratégia mais adequada e respeitando a legítima). Todavia, ele parecia ter certa resistência com aquele filho. Quando começamos as conversas, o pai já havia identificado um tumor cancerígeno, mas não estava em grau avançado.

E a ironia do destino resolveu se impor. Como é a vida, não? O tumor se agravou, e os exames mostraram que os filhos legítimos eram incompatíveis para doar a medula. O outro filho, o "ilegítimo", era compatível, e fizeram o transplante imediatamente. Depois da recuperação do pai, os dois se aproximaram, e o rapaz é quem está cuidando dele hoje em dia. Veja, a princípio, o pai pretendia deixar de fora o menino que depois o salvou. Esse acontecimento mudou completamente toda a estratégia de sucessão.

Outra situação comum, que precisa ser definida em vida: dois filhos legítimos da união atual e dois filhos gerados fora do casamento. Quer direcionar a maior parte para esses filhos ilegítimos, que não receberam seu apoio em vida? É só utilizar os 50% do seu patrimônio, que está disponível para ser usufruído como bem entender. Ou ainda vender alguma propriedade (dentro desse limite de 50%) e ampará-los. Os outros 50% (a legítima parte, como chamamos) serão divididos igualmente, entre todos os quatro herdeiros, que terão seu direito assegurado.

Um formato muito frequente é o patrimônio ficar concentrado em nome de apenas um dos filhos, mas, na verdade, pertencer a ele e aos irmãos. Todos trabalham juntos, desenvolvem um negócio familiar, no entanto, alguns estão com restrição no CPF (Cadastro de Pessoas Físicas), geralmente por dívidas, e por isso optaram por eleger apenas um deles para regulamentar a situação. Nessa condição, é importante registrar qual é a real divisão dos bens, para que seja considerada no caso de falecimento do fundador. Neste sentido, a criação de uma estrutura societária, reorganizando a composição patrimonial de forma igualitária foi a solução encontrada, e de extrema eficiência.

Tenho vários exemplos de núcleos familiares com dinâmicas parecidas, em que o rateio dos bens precisa ser documentado para garantir a proteção dos envolvidos. Um deles era formado por três filhos: um empresário, um político e o outro que apenas dilapidava o patrimônio. Mas esses irmãos nutriam um bom relacionamento e até chegaram a me dizer: "Felipe, a gente se entende, se gosta muito". Essa configuração, no entanto, vai gerar um problema mais adiante, que é justamente a sucessão, pois todos têm direitos iguais.

Resolveram, então, ao longo dos anos, registrar o patrimônio em nome do empresário, que não possuía restrições e que cuidava da gestão dos negócios. Os outros dois irmãos, assim, deixam de ser herdeiros necessários. Tal estratégia não é a recomendada, pois já presenciei situações em que as esposas preservaram seu bem-estar e o dos filhos e não compartilharam a herança com os cunhados, que de fato, mas não de direito, eram os verdadeiros proprietários de dois terços dos bens. Logo, isso só funciona se for bem-organizado, juridicamente falando.

Para dar segurança mínima a essa estrutura, poderiam ser utilizados os 50% de todo o patrimônio, a parte disponível, como expliquei anteriormente. Se tenho um irmão, por exemplo, metade é dele, a outra metade é minha. Mas se todo o patrimônio for transferido para o meu nome, posso inserir uma cláusula em uma holding ou tal observação em um testamento, definindo que a parte disponível é dele (50%), protegendo-o. Um ato bem simples, que manifesta amor e altruísmo.

Precisamos quebrar essas objeções sobre a idade para pensar em sucessão e deixar de lado ideias sobre "o que o meu filho vai pensar" ou "vai gerar algum desconforto na família". Quanto mais cedo iniciado o processo, mais maduro será, pois poderá ser revisado ao longo do tempo, seja por um testamento ou por uma holding familiar.

Não quero nem falar sobre sucessão!

Benjamin Franklin dizia que só existem duas certezas na vida: a morte e os impostos.[24] Então, isso tudo está vinculado à sucessão: sabemos que vamos nos ausentar dessa vida material e que teremos sempre algum tributo para pagar. É praticamente inevitável (inclusive quando a vida termina, mas, nesse caso, a conta fica para os herdeiros).

Todos os dias, recebo clientes e trato dessas providências. Costumo mexer em coisas em que as pessoas nunca quiseram pensar. Na implantação da holding familiar, é comum termos que pesquisar todo o histórico da família, levantar dados, fazer uma lista completa dos bens móveis, semoventes e imóveis, organizar documentação, regulamentar propriedades, definir responsabilidades de gestão, estudar cenários

---

24 RIBEIRO, J. U. A morte e os impostos. **Academia Brasileira de Letras**, 26 maio 2008. Disponível em: https://www.academia.org.br/artigos/morte-e-os-impostos. Acesso em: 16 fev. 2024.

possíveis, prováveis e circunstâncias remotas. Mesmo que você tenha apenas um imóvel e um sucessor (ou nenhum) a holding pode até não ser a melhor opção, mas outra ferramenta de planejamento sucessório será útil para auxiliá-lo, como o testamento ou a doação via escritura pública com reserva de usufruto vitalício, por exemplo.

Tratar da definição de um testamento ou de uma holding familiar é algo muito profundo, que envolve um mergulho na vida de uma pessoa, de uma família, o que é muito delicado. Mas é realmente importante, pois permite que, na hora que o patriarca ou a matriarca se forem, eles sejam lembrados pelo legado de valores e princípios, não somente pela fazenda nem pela casa, que poderão ser alvo de brigas familiares.

O planejamento sucessório é como aquela hora de organizar os armários e limpar as gavetas. É o momento de se perguntar: "Quais são os meus bens? Onde estão os meus documentos e os das propriedades? Estão regularizados?". Vamos colocar tudo em uma lista, levantar os bens vinculados ao nome do fundador ou da fundadora e verificar a situação de cada um deles (impostos, regulamentação etc.).

Ressignificar, portanto, o sentido do dinheiro e dos bens materiais em nossa vida, como a base da nossa sobrevivência, fará toda a diferença no nível de percepção de realidade dos seus filhos e netos. A conversa sobre valores materiais será absolutamente natural, como parte de um contexto mais amplo, unindo-os com seus valores e princípios, que é seu real legado.

Realmente necessitamos criar a cultura da sucessão no Brasil. Na sociedade norte-americana, europeia e asiática, por exemplo, a ideia de transmitir o legado já está incorporada no dia a dia. Eles já pensam na continuidade, desde o momento que adquirem o primeiro bem ou que já conseguem identificar que possuem algum dinheiro para ser investido ou vislumbram a possibilidade de adquirirem mais patrimônio. É muito comum também criarem uma holding (ou estrutura societária semelhante) ou fazerem um testamento, por exemplo, que é bem comum nestes mencionados países. No Brasil, conhecemos melhor o seguro de vida, a previdência privada e o testamento.

Alguns clientes optaram apenas pelo testamento, que foi a ferramenta mais adequada para o caso deles. Geralmente, fazemos a revisão anual do documento depois da declaração de imposto de renda, pois pode ter sido comprado, vendido ou doado algum bem que não estava ali no testamento original. Ajustamos saídas e entradas de bens, consideramos o nascimento de filhos e netos, revisamos todos os pontos contemplados.

Tenho essa dinâmica como um processo de continuidade e trago essa analogia para a holding familiar, mais adiante, resgatando o sentido de algo que pode assumir um caráter perpétuo, eterno.

Proponho que você faça uma reflexão. Independentemente de qualquer idade, é importante trazer para o racional, deixando de lado o emocional, neste momento, fazendo-se perguntas bem objetivas: "Hoje, qual é o meu patrimônio? O que possuo pode gerar algum conflito, diante do que já visualizo na dinâmica familiar? O patrimônio atual poderá privilegiar quem tenho mais interesse em ajudar (ou que precise mais) ou será necessário mais de um bem, de uma propriedade? Os filhos mais jovens estarão amparados? Aquele irmão, primo, amigo, gerente ou ajudante de confiança, que são meus maiores apoiadores, estarão protegidos?".

Quanto mais cedo refletir sobre todos esses pontos, mais tempo terá para estabelecer o planejamento financeiro para concretizar esse plano, analisando o que tem agora e projetando o que precisa ser conquistado, para garantir seu bem-estar e o daqueles de quem deve cuidar. Esse ajuste na sua atenção sobre o presente ampliará o sentido do seu trabalho e da construção dessa continuidade para o futuro.

Se isso fizer parte da sua rotina, será possível nutrir seus filhos com informações importantes e providenciais para a vida deles, rompendo, com tranquilidade, um tabu gigantesco. Essa quebra de paradigma possibilitará a criação de uma geração de pessoas mais conscientes e preparadas para as adversidades.

Com foco no racional, você poderá julgar o que é mais lógico dentro da sua realidade e decidir para qual filho, por exemplo, deixar determinado bem, ainda em vida, ficando com uma trava ali de usufruto vitalício.

É importante que sucessão vire pauta familiar, procurando entender qual é o desejo de cada um. Esse simples movimento vai fazer ser mais fácil para os filhos se abrirem, e também gerar aproximação entre eles e os pais, evitando qualquer tipo de distanciamento e dificuldades na comunicação. Lembro que nos últimos dois anos de vida do meu pai, ele instintivamente começou a conversar sobre questões financeiras mais complicadas, foi me passando algumas providências que deveriam ser resolvidas. Agradeço que tenha tido essa iniciativa, porque tive tempo de me preparar para as próximas etapas.

O meu convite, neste livro, é para que a sucessão se inicie o mais cedo possível, com o objetivo de preservar seu patrimônio e garantir as melhores condições para você, seus filhos, netos e todas as pessoas que você ama.

É possível compor uma maneira mais interessante de deixar seu legado. Cada caso tem suas peculiaridades, mas há muitos pontos em comum e vamos explorá-los mais adiante. No próximo capítulo, reúno as principais causas dos desafios mais frequentes que as pessoas enfrentam.

Fizemos, até aqui, um diagnóstico da situação geral sobre sucessão, e aprofundaremos a origem dos conflitos que envolvem esse tema. Depois, caminharemos para as soluções, sendo que algumas já estou compartilhando pontualmente, para que você vá sentindo que há muitas saídas a serem exploradas.

É IMPORTANTE QUE SUCESSÃO VIRE PAUTA FAMILIAR, PROCURANDO ENTENDER QUAL É O DESEJO DE CADA UM.

@HOLDINGFAMILIAR

03.
POR QUE NÃO CUIDAMOS DO LEGADO?

Combinar todos os tempos em um só prolonga a vida.[25]

A grande questão é repensarmos por que evitamos a ideia do planejamento sucessório e deixamos de nos preparar para o que deveria ser uma passagem natural e inevitável. Ouço pessoas dizerem que planejamento sucessório é só para milionários, o que não é verdade. Mas, no final, quanto menos refletirmos sobre isso, mais caro será a conta que nossos filhos e netos pagarão. Desconhecemos o poder destrutivo de um inventário, e a maioria não tem ideia de que o custo financeiro é tão somente um dos inúmeros desafios que os filhos enfrentarão.

Somos muito reativos quando o assunto é sucessão. O tabu morte, testamento e altas despesas nos deixam engessados de tal maneira que simplesmente ignoramos o tema por completo. Alguns não querem nem tocar no assunto, e talvez este seja um dos motivos de quase 70% dos negócios familiares não passarem para a segunda geração.[26] E este número chega a 95%[27] quando falamos da passagem do bastão para a terceira geração. Sabe a causa disso? Ausência de planejamento sucessório, segundo minha análise.

---

25 SÊNECA. **Sobre a brevidade da vida**. São Paulo: Penguin – Companhia, 2017.
26 OS desafios da empresa familiar: gestão e sucessão. **Sebrae**, 19 dez. 2016. Disponível em: https://sebrae.com.br/sites/PortalSebrae/ufs/pe/artigos/os-desafios-da-empresa-familiar-gestao-e-sucessao,fae9eabb60719510VgnVCM1000004c00210aRCRD. Acesso em: 31 jan. 2024.
27 RICCA, D. 95% das empresas familiares são extintas no processo de sucessão à segunda ou terceira geração. **Sincor AM-RR**, 2 maio 2016. Disponível em: https://www.sincor-am.org.br/noticia/95-das-empresas-familiares-sao-extintas-no-processo-de-sucessao-segunda-ou-terceira-geracao/. Acesso em 31 jan. 2024.

Esses números mostram que há várias outras questões envolvidas nessa descontinuidade dos negócios, como um sócio que sai prematuramente da empresa, se divorcia ou falece. Esses três pontos provocam instabilidade em qualquer empreendimento que tenha perdido seu fundador.

No Brasil, toda semana centenas de empresas são criadas com intuito de empreender, emitir notas fiscais, contratar funcionários, mas não pensam em ajustar o contrato ou estatuto social continuamente. Alguns dizem que "essa é a regra padrão da junta comercial", mas o "modelo" padrão de contrato social não protege de verdade, pois questões importantes, como a sucessão, a separação ou saída de um sócio precisam ser ajustadas por meio de alterações do contrato social (no caso das sociedades limitadas). Por isso, é recomendado, já no início dos negócios (ou antes de começar), prever todos os desafios que podem ocorrer e criar saídas para cada um deles. Na hora do conflito, não há como negociar pacificamente.

Aqui, provavelmente, incorrerá na intervenção de um terceiro, um julgador, um tribunal, que desconhece a realidade das partes e que decidirá de forma contrária aos interesses da perenidade societária. Faço uma analogia da empresa com a vida e recomendo que se fale sobre as possíveis adversidades antes que ocorram, planejando soluções para cada caso. Então, por que não conversar sobre a sucessão quando estão todos em harmonia, saudáveis e em sã consciência, sem esperar a hora de um conflito emocional, vivendo uma situação de inventário, por exemplo?

Na minha prática, percebo dois pontos que se destacam como causas que originam tudo isso: o medo de tratar da sucessão e a falta de conscientização sobre a necessidade de cuidar do futuro dos que amamos. Vamos nos aprofundar em cada um desses tópicos.

MEDO E TABU

Falar sobre sucessão familiar é um tabu para mais de 73% dos brasileiros, conforme revela pesquisa realizada pelo Sindicato dos Cemitérios e Crematórios Particulares do Brasil (Sincep).[28] Esse temor normalmente está ligado a um outro mais antigo, o de não se falar sobre a morte, que é um dos maiores medos da humanidade.[29] A morte não é discutida em casa, nem na escola, muito menos na mídia, por seus meios de comunicação. E isso se conecta diretamente à sucessão, pois quando tratamos dessa passagem, vêm à tona muitos pontos de tensão e dor, pois nos lembra que um dia não estaremos aqui, para dar o suporte necessário à nossa família.

O tabu morte e vida caminha junto o tempo todo. A partir do momento que não me dedico à sucessão, que nada mais é do que trabalhar a própria vida e o que vou deixar para os outros, dificulto a continuidade dessa mesma vida (a minha e a dos que amo).

Vejo que na cultura brasileira, e em alguns países latinos, é bastante comum não termos consciência sobre nosso próprio fim. Completamente oposto às culturas dos Estados Unidos, da

28 REIS, M. A importância de um planejamento sucessório e seus mecanismos. **Jusbrasil**, 4 out. 2023. Disponível em: https://www.jusbrasil.com.br/artigos/a-importancia-de-um-planejamento-sucessorio-e-seus-mecanismos/1987729698. Acesso em: 8 jan. 2024.

29 OLÍMPIO, V. Saiba quais são os cinco maiores medos do ser humano. **Correio Braziliense**, 29 out. 2021. Disponível em: https://www.correiobraziliense.com.br/ciencia-e-saude/2021/10/4959117-saiba-quais-sao-os-cinco-maiores-medos-do-ser-humano.html. Acesso em: 29 dez. 2023.

Itália e da Suíça, países que visitei recentemente e onde pude conversar abertamente sobre o tema com dezenas de pessoas de todos os níveis sociais.

Percebo, no Brasil, que os pais têm problemas em explicar para os filhos pequenos sobre a morte dos animaizinhos de estimação, dos amigos e familiares. Cria-se, então, uma nuvem de mistério que encobre o que poderia ser visto como parte da vida, algo natural. Muitas vezes, eu me pergunto: o maior medo é falar sobre a morte ou de viver realmente?

Pensar nessa sucessão diz respeito à vida e aceitar sua finitude, que poderá ocorrer por volta dos 75 anos, segundo os estudos mais recentes sobre expectativa de vida no Brasil,[30] ou antes, ou depois; isso é algo imponderável. Temos como definir, sim, o que está ao nosso alcance e o certo a ser feito.

Refleti muito sobre essa finitude quando soube do caso de um primo de um amigo, que viajou para o interior da Bahia a trabalho. Tinha 24 anos, era muito saudável, praticava atividade física com regularidade. Um dia, estava na academia (como sempre fazia) e de repente caiu e teve uma morte súbita, sem tempo para o socorro.

Durante o auge da pandemia da covid-19, entre 2020 e 2021, soube de inúmeros casos de amigos e parentes saudáveis que não resistiram à ação do vírus. Tudo isso fortaleceu meu entendimento de que não sabemos quando vamos partir. Perguntava-me sempre:

---

30 SANTOS, E. Expectativa de vida do brasileiro sobe para 75,5 anos após queda na pandemia, mas é menor do que projeção inicial do IBGE. **G1**, 29 nov. 2023. Disponível em: https://g1.globo.com/saude/noticia/2023/11/29/expectativa-de--vida-do-brasileiro-diminui-em-novo-calculo-do-ibge-que-considera-pandemia--e-censo-2022.ghtml. Acesso em: 24 dez. 2023.

"E se acontecesse amanhã? Ou hoje?". Então aprendi a agradecer as oportunidades de todos os dias e o aprendizado que cada momento compartilha.

Para os empresários urbanos e rurais que atendo, costumo propor: "Vamos ficar uma semana sem dar pitaco, deixar que cada filho, gerente ou funcionário desenvolva suas questões e as tarefas do cotidiano?". Mas eles não conseguem ficar nem um único dia sem interferir. E pergunto: "Imagina se você não estivesse mais aqui, como é que as coisas seriam resolvidas?". É um treino importante para entender que talvez seja preciso delegar mais, ensinar melhor, esquematizar os procedimentos, compartilhar conhecimento. Geralmente, só de pensar nisso é criado um movimento que leva a corrigir, mudar, alterar, ajustar.

A imagem que costumo trazer é a de um avião, e estão todos a bordo, a mais de 15 mil pés de altura, e o único que sabe pilotar a aeronave é o comandante, não há copiloto. Agora imagina se ele morrer durante o voo, quem vai assumir o comando? Ninguém tem esse treinamento, não há quem conheça a dinâmica de todos aqueles controles, nem os procedimentos para estabilizar a máquina, pousá-la com segurança. O avião vai cair, e todos os passageiros vão morrer porque confiaram na liderança desse comandante!

Agora, coloque-se no lugar desse piloto e se pergunte: quem eu preparei para assumir o meu lugar? Ou prefiro trabalhar so-zinho, centralizando as decisões, sem delegar, treinar e orientar outros para seguirem com as providências? Estou pensando em todas as pessoas que dependem de mim hoje? Eu as capacitei para que possam fazer a gestão dos negócios com segurança, para que estejam protegidos de alguma instabilidade ou caso eu falte em algum momento? Ou vou abandonar a nave a qualquer momento e deixar que se arrisquem, em pleno voo, conduzindo sem experiência? Tenho permitido que cada um viva seu processo de aprendizado, amparando o crescimento e a evolução deles?

Você diz que os ama, mas não parece estar preocupado se caírem de 15 mil pés de altura...

Nessa passagem natural, acabo me lembrando de um filho, quando ainda usava rodinhas na sua bicicleta. Esse apoio foi importante, pois lhe deu o tempo necessário para treinar a dinâmica e o equilíbrio para que pudesse seguir sem o suporte. Assim que ganhou confiança, ele quis se desafiar, então as tiramos e ficamos por perto até que ele se sentisse mais seguro. Esse é o papel do verdadeiro líder, que dá apoio, fica por perto e depois permite que as pessoas cresçam e mostrem seu potencial. Assim é o ciclo da vida!

Conheço famílias que desenharam um planejamento sucessório, com uma programação definida em anos e outra em décadas. Dessa forma: em cinco anos, o fundador passará a atuar como conselheiro (para orientações e recomendações gerais), em dez anos, estará aposentado, e a gestão será compartilhada entre os filhos tal e tal, com o apoio do gestor tal.

Mas quando penso em sucessão, trabalho a ideia da passagem do bastão, que é o que realmente acontece. Quando você cuida dos que virão, está sendo altruísta, sai um pouco de si mesmo e olha as necessidades dos que estão próximos. Tenho a certeza de que continuaremos vivos em tudo que foi construído, sejam bens materiais, sejam os princípios que ensinamos.

Estou certo de que a morte pode ser vista pelo ângulo da continuidade, porque vejo meu pai em cada árvore que ele plantou, em todo aprendizado e no exemplo de conduta. Sua voz ressoa diariamente nas mínimas decisões que tenho que tomar. Ele era "aquele que gostava de gostar", frase que sempre dizia e que colocamos na sua lápide. Meu pai não morreu; continua vivo dentro de mim, me ajudando e orientando.

FALTA DE CONSCIENTIZAÇÃO

A consciência ou a falta dela estão relacionadas com o problema, a causa e a solução no planejamento sucessório. Quando a consciência não está presente, sua ausência se transforma em fonte de angústia e sofrimento; é como se alguém estivesse no escuro e não conseguisse enxergar o caminho a seguir. Como causa, a inconsciência provoca erros na conduta e no modo de lidar com as coisas da vida. Assim, não amparamos os que amamos porque temos medo de enfrentar a finitude e entender que é natural organizar a passagem do legado. Como solução, a consciência é um presente, pois facilita o fluxo, deixa a vida leve e nos permite desfrutar do que temos com prazer, pois já fizemos o que é certo.

Normalmente, a falta de consciência nos atropela como um caminhão desgovernado descendo uma ladeira, sem freio. O mais comum é ocorrer a seguinte cena (que presenciei algumas vezes): está tudo perfeito, maravilhoso e vem um turbilhão de situações, um balde de realidade é despejado sobre nós, sem nenhum filtro. Morre um ente querido, e precisamos tomar as providências necessárias e obrigatórias. E o resultado é drama familiar, confusão e disputas.

Se você pesquisar a lista de documentos necessários para abrir um inventário, vai entender que precisa haver uma organização mínima: tem que ter uma pasta com todas as informações reunidas, há decisões a serem tomadas. É preciso solucionar regularização de imóveis, hipotecas, registro de escrituras públicas, pagar os devidos impostos. Quando essas obrigações legais são adiadas constantemente, ou se não há um planejamento mínimo, paga-se um preço por isso. **Sem consciência de como as coisas são, não há como se prevenir do caos que pode se transformar a vida de quem fica.**

Conheço um caso, do Carlos Alberto, de 64 anos, no seu terceiro casamento, pai de seis filhos, sendo o mais novo da união atual. No seu patrimônio constam empresas e imóveis em quatro estados diferentes, mas quando conversamos sobre o tema sucessão familiar, ele sempre encontra outra prioridade na sua vida. Ele sabe, mais do que ninguém, que os filhos adultos não desfrutam de um bom relacionamento entre si e que cada um deles recebeu, em vida, imóveis, empréstimos e doações de maneira desproporcional. O empresário entende também que seu caçula, recém-nascido, precisa de uma atenção especial e que seu futuro precisa ser preservado. Imagina quais serão os custos (financeiros e de embates familiares) da ausência desse planejamento sucessório?

Em meados de 2023, apresentei uma palestra para produtores rurais no Mato Grosso do Sul. O tema da palestra foi "Os custos da ausência de um planejamento sucessório". Destaquei os valores das despesas com o processo de inventário, que a depender do estado representa entre 10% e 15% sobre o valor atualizado (valor de venda) dos bens, os custos com o tempo despendido nesse trâmite, que pode superar uma década de embates no judiciário, e outros custos, como o da perda de um legado. Este foi o ponto alto da palestra, justamente porque quase ninguém menciona essa questão.

No final da palestra, foi organizado um jantar para os convidados, e um empresário sentou-se ao meu lado e confidenciou: "Felipe, nunca um advogado, contador ou qualquer outro profissional me disse com tanta clareza todos esses custos e, muito menos, o custo da perda de um legado (ou até mesmo a perda patrimonial). Esse foi um divisor de águas para a maioria dos presentes no evento".

O custo da perda de um legado vai muito além do deságio de 20% a 30% que ocorre na venda de um ou mais imóveis para o pagamento dos custos financeiros de um inventário. Tal custo representa, sobretudo, a desvalorização do que foi constituído ao longo da vida, e a falta de atenção ao que mais importa: a família.

Isso me lembra do caso de cinco irmãos do interior do estado do Rio Grande do Norte, que eram muito unidos e jamais haviam tido um desentendimento grave. Eles definiram, há duas décadas, que todo o patrimônio imobiliário que comprassem ficaria no nome de um dos irmãos, pois os demais estavam com restrições bancárias ou em vias de se casarem. O único solteiro e sem restrições, naquele momento, era o mais novo.

O tempo foi passando, as restrições e as uniões dos irmãos foram se resolvendo, até que o caçula decidiu se casar. Mas, novamente, o destino resolveu se impor e o rapaz acabou falecendo dois anos depois do matrimônio. Abriu-se um inventário e, como não possuía ascendentes (pais ou avós), nem descendentes (filhos ou netos), todo o patrimônio passou para a viúva. Justo ou não, está na lei, é a regra do jogo.

Por isso, sempre recomendo que, se deseja mudar a regra do jogo, mude enquanto o jogo não tiver começado. Uma vez iniciado o jogo do inventário, poucas medidas racionais poderão ser tomadas.

Uma opção que costumo recomendar nessas situações é que seja elaborado pelo menos um testamento enquanto se pesquisa a questão da implantação da holding e há muita documentação a ser organizada, com regularização de imóveis etc. É uma maneira de proteger o patrimônio ao passo que se cuida das providências.

Herdeiros e sucessores

Penso que existem situações, perfis e níveis de consciência distintos. É a diferença que percebo entre o herdeiro e o sucessor. O **herdeiro** é aquele que está esperando só a parte dele, independentemente do formato que será. Costuma brigar por sua parte da herança e protege apenas o que é seu e de seus cônjuges e descendentes.

O **sucessor**, por outro lado, é aquele que entende que o legado é algo contínuo, que tudo que foi produzido ali vai ser passado como uma forma de também amparar as gerações seguintes. Este percebeu que se seguir trabalhando poderá melhorar o que já existe para dar suporte aos que virão, e ele mesmo se beneficiará do que foi construído. Tem a consciência de que o que tem hoje é fruto de muita dedicação de gerações anteriores: dos seus avós, pais, familiares; e é responsabilidade dele cuidar desse patrimônio, não só pelo valor material, mas como uma maneira de manifestar zelo e amor.

A questão material, o dinheiro, é importante e dá a base da nossa sobrevivência. É com ele que compramos roupas para nossos filhos, alimentos, medicamentos e tudo que seja o mínimo necessário para que tenham uma vida boa e justa. Entendo que essa pauta precisa estar presente na rotina da criança, quando vamos ao mercado, à padaria, a um shopping center. Eles precisam saber como esse dinheiro foi conquistado. Se foi pelo trabalho ou por herança, qual o caminho que ele percorreu para chegar até ali. É muito bom que eles participem dessa dinâmica de alguma maneira.

Tenho visto inúmeras iniciativas de pais (empresários, profissionais liberais, assalariados), que apresentam o trabalho para os filhos e lhes ensinam de onde vêm os subsídios para sua alimentação, ensino, lazer. Alguns fazendeiros que conheço levam os filhos e netos para ajudar nas tarefas, conhecer como funcionam as coisas, quais são os procedimentos aplicados aqui e ali. Os mais novos se divertem com atividades da colheita, transporte dos alimentos e limpeza dos currais. Tudo vira diversão, porque é assim que foi apresentado pelos mais velhos. É entrar no universo daquela família, entender suas características, seus anseios, seu jeito de fazer as coisas. É importante isso. Vai fazer diferença mais adiante.

Meu filho, o Heitor Cezar, costuma brincar de "trabalhar" quando estou no escritório. Ele leva o notebook dele, fica digitando, resolvendo as questões, explorando os livros e fazendo muitas perguntas sobre tudo. É um bom assistente, sempre interessado, inquisitivo. Pode ser que ele nunca queira ser advogado na vida, mas já sentiu a importância do trabalho e sabe que é de lá que vêm os recursos para comprar as coisas de que gosta. Também sempre reforço a importância de preservar o que se conquista: cuidar dos objetos e brinquedos que possui, doar a quem necessita.

Tenho ensinado a meu filho que tudo tem um processo. Até para fazer bolo! Nesse caso, seguimos uma receita (que são as normas para se chegar a algum resultado), ele providencia os ingredientes (aqui incentivo a organização e a proatividade), seguimos as quantidades recomendadas (novamente regras e orientações), adoto o procedimento indicado para fazer o bolo, respeito o tempo e a temperatura adequados, acompanho o desenvolvimento e o resultado da operação. Caso seja favorável, aprendemos com essa elaboração ou, se for desfavorável, precisamos rever o passo a passo e entender onde podemos melhorar. Sei que o Heitor poderá aplicar esse conhecimento em tudo, até para se sair bem nas tarefas da escola, quando conquistar seu primeiro emprego ou seguir a profissão que escolher. Um dia, ele poderá fazer o bolo que quiser, criar uma nova receita, aplicando ali sua criatividade e imaginação.

Quando você poupa seus filhos dos problemas e desafios do cotidiano, ou mesmo do que está funcionando bem, das conquistas, está tirando deles a possibilidade de aprender e crescer com cada uma dessas situações. Se parar um pouco e refletir, vai lembrar que foi assim que você aprendeu tudo o que sabe.

Talvez por isso vemos, nos dias de hoje, o aumento do nível de ansiedade, solidão, depressão e, em casos mais graves, até suicídio de crianças e jovens,[31] vivendo sem propósito, perdidos, sem se sentirem acolhidos pelos pais e familiares. Os laços que os unem são frágeis, não são trabalhados diariamente. O convívio é pobre, raso.

Vejo pais dizendo "sim" o tempo todo para os filhos, criando seres extremamente mimados, incapazes de ouvir um "não" ou de

---

31 CORRÊA, A. "Falta de independência está por trás de crise de saúde mental em crianças", diz psicólogo americano. **BBC News Brasil**, 15 nov. 2023. Disponível em: https://www.bbc.com/portuguese/articles/cl59ydl0415o. Acesso em: 17 fev. 2024.

ter um simples pedido negado, muitos sem noção de utilidade e de ajuda mútua. Só desfrutam de tudo, fazendo os pais de secretários ou motoristas. Como é possível mostrar a plenitude da vida se não há convivência saudável, com trabalho, construção, apoio?

Um dos maiores erros que percebo se baseia na dinâmica "Meus filhos não passarão pelo que eu passei". Um absurdo, porque se eles não viverem os desafios, não poderão vencê-los e superarem a si mesmos. Foi exatamente assim que você cresceu, rompendo seus próprios limites.

Rossandro Klinjey[32] aborda essa temática de uma maneira muito direta e verdadeira. O psicólogo mostra que é essa conduta, a de preservar as crianças e jovens do que naturalmente faz parte da vida, que está possibilitando o aumento assustador de casos de bullying, automutilação e suicídios.

Quando tratamos o tema morte com mais naturalidade, explicando para as crianças que ela faz parte da vida, ressignificando seu sentido, fica mais fácil resolver as questões de sucessão. Criamos, então, seres mais conscientes de sua própria finitude e ensinamos a respeito dos ciclos naturais da existência. Como as estações da natureza, que guardam em si suas peculiaridades. Como o dia e a noite, o sol que volta a nascer toda manhã. É assim que é.

Essa transição entre gerações, assim como o ciclo das estações, começa quando seu filho é pequeno. A sucessão é sempre, é todo dia. A todo instante, você está transmitindo seu legado, construindo o futuro dos seus filhos e netos. É importante fazer

---

32 KLINJEY, R. Os mistérios que levam uma pessoa a tirar a própria vida. Coluna "O divã de todos nós". **CBN**, 19 jun. 2022. Disponível em: https://cbn.globoradio.globo. com/media/audio/378758/os-misterios-que-levam-uma-pessoa-tirar-propria-vi. htm. Acesso em: 17 fev. 2024.

essa reflexão, ter consciência disso. Promover a aproximação entre as gerações, fortalecer os vínculos, sermos realmente humanos.

É interessante perceber que a sucessão toca, de maneira sensível, valores, princípios, crenças e hábitos nos quais baseamos a dinâmica da nossa vida. Os mais velhos costumam dizer que morreremos como vivemos, então a ideia de continuidade está latente em múltiplos aspectos da nossa existência.

Caminhamos agora para as soluções de todos os conflitos que identificamos na prática da sucessão. Você vai perceber como pode gerar paz e fazer o que é certo pelos que amamos.

A TODO INSTANTE, VOCÊ ESTÁ TRANSMITINDO SEU LEGADO, CONSTRUINDO O FUTURO DOS SEUS FILHOS E NETOS.

@HOLDINGFAMILIAR

04.

PASSANDO O BASTÃO

Saudações de Sêneca a Lucílio.

Continue a agir assim, meu querido Lucílio – liberte-se por conta própria; poupe e salve o seu tempo, que até recentemente tem sido retirado a força de você, ou furtado, ou simplesmente escapado de suas mãos. Faça-se acreditar na verdade de minhas palavras – que certos momentos são arrancados de nós, que alguns são removidos suavemente, e que outros fogem além de nosso alcance.[33]

A partir deste capítulo, apresentaremos as soluções para a sucessão. O primeiro ponto que quero destacar é que não fazer nada não é solução, e sai muito mais caro. Acompanho todos os dias os números da perda patrimonial, que é o custo de não se organizar e planejar a sucessão. Custa muito não fazer nada e deixar que as coisas sigam no automático. **O imposto da inércia é bem mais alto do que o do planejamento.**

Sou conhecido por falar insistentemente dos custos financeiros, emocionais e temporais da ausência de planejamento sucessório, como você viu no capítulo 1, no qual abordamos a problemática do inventário. Neste ponto, você já percebeu como é perigoso ignorar a sucessão. Então, vamos caminhar para as soluções.

ENTENDENDO MELHOR AS POSSÍVEIS SOLUÇÕES

Existem outras possibilidades para escapar do inventário, como mencionamos anteriormente, que são a doação via escritura pública e a holding familiar. Apesar do testamento não evitar o inventário, terá o seu devido destaque. Vamos retomar e aprofundar alguns pontos.

---

33 SÊNECA. **Sobre os benefícios**. São Paulo: Montecristo Editora, 2019.

Testamento

Esta é uma modalidade de planejamento sucessório e boa solução para alguns casos específicos. Pode ser público ou particular. No caso do documento registrado de forma pública, são necessárias apenas duas pessoas para assinarem junto ao tabelião. No caso do testamento particular, são necessárias três. A diferença se dá porque, no primeiro caso, como há a presença do tabelião, ele conta como "terceira pessoa presente" para dar legitimidade ao documento.

O testamento público, diferentemente do testamento particular, é o mais seguro, porque fica arquivado no livro do tabelião, e sua existência fica registrada no Registro Central de Testamentos (RCTO), módulo integrante da Censec, que é obrigatoriamente consultado para processar inventários judiciais ou lavrar escrituras públicas de inventários. Para elaborar um testamento particular de forma segura, é preciso preencher os requisitos legais e ser assessorado por um advogado especialista.

O **testamento** previsto no artigo 1.857 e seguintes do Código Civil significa, em síntese apertada, disposição de última vontade, limitada a 50% do patrimônio (chamada de parte disponível), que pode ser doada por mera liberalidade para quem a pessoa quiser. Os outros 50% devem, obrigatoriamente, ser destinados aos herdeiros necessários, seguindo a ordem determinada pela lei (ascendentes, descendentes e cônjuge). É importante lembrar que, mesmo que se estabeleça um testamento, não é possível evitar o inventário e seus possíveis conflitos, e é preciso validá-lo no judiciário, seguindo uma série de procedimentos.

Considero que são três os pilares principais, relacionados à utilização da parte disponível, direcionando-a para: beneficiar pessoas que não são herdeiros necessários; preservar objetos de valor sentimental; e cuidar dos animais de estimação, como veremos a seguir.

1. **Beneficiar pessoas que não são herdeiros necessários (irmãos, parentes, amigos e auxiliares de confiança)**

Muitas vezes, temos pessoas que são muito importantes na nossa vida e nos ajudam nos negócios, estão ao nosso lado nas tarefas do dia a dia, mas que ficarão desprotegidas legalmente em caso de falecimento do patriarca ou da matriarca.

Qualquer pessoa pode deixar um testamento determinando, por exemplo, que 20% da parte disponível do seu patrimônio seja direcionada para um irmão que ajuda a conduzir a empresa, 20% para um trabalhador que é seu braço direito nos negócios, e 10% para uma auxiliar que foi seu grande apoio na educação dos seus filhos. É comum perceber que o desempenho dessas pessoas no trabalho pode se transformar profundamente, porque o favorecido se sentirá mais valorizado, realmente pertencente àquele núcleo, o que interferirá na sua produtividade e no seu comprometimento no projeto que está sendo desenvolvido.

Uma manifestação dessa gratidão foi compartilhada pelo herdeiro da Hermès, Nicolas Puech,[34] de 80 anos, que anunciou que pretende adotar seu jardineiro (de 51 anos), para que receba sua fortuna após a sua morte.

São alguns os casos em que se deve fazer um testamento, como para privilegiar um ou mais filhos de forma legal, para tratar de um curador especial ou no caso de pessoas sem herdeiros. Além disso, é um documento interessante para contemplar aqueles que

---

34 HERDEIRO da Hermès quer deixar fortuna de R$ 56 bilhões para jardineiro; entenda. **Exame**, 6 dez. 2023. Disponível em: https://exame.com/pop/herdeiro-da-hermes-quer-deixar-fortuna-de-r-56-bilhoes-para-jardineiro-entenda/. Acesso em: 20 dez. 2023.

não são os herdeiros legítimos. Veremos a seguir em quais casos o testamento se aplica.

Filhos

Todo filho – legítimo ou extraconjugal – tem assegurado o mesmo direito, dentro do que denominamos de legítima. Assim, salvo utilização da parte disponível, destacando que não se trata de antecipação da legítima, todos terão a mesma herança.

As pessoas costumam me perguntar se o filho adotado tem direitos como um filho legítimo. A resposta é sim. A partir do momento em que ele passa pelo processo total de adoção e os documentos trazem os nomes dos pais, ele se equipara ao filho legítimo.

Por isso, é necessário se conscientizar de que todos os filhos são iguais e têm direitos protegidos pela legislação, sendo que o meio jurídico adequado para ajustar um planejamento dependerá de um ou mais profissionais qualificados e especialistas para implementar as melhores soluções.

Filhos do coração

No meio rural, principalmente, é comum uma família cuidar de uma criança que ficou órfã ou está desamparada e trazê-la para seu convívio, como se fosse um irmão dos outros filhos da família. Geralmente, ela acaba se tornando o braço direito do fundador e da fundadora, mas legalmente não tem direito nenhum.

Conheço o caso de uma amiga, de família rica, que acolheu a filha da secretária da casa. A menina convivia com seu filho único, ganhou um quarto e ambos estudavam no mesmo colégio e faziam as tarefas juntos. O tratamento entre eles era um pouco diferente, mas ela foi tratada como filha ao longo da vida. Depois de crescida, a moça passou a gerenciar muitas tarefas da empresa familiar e seu apoio é essencial para o funcionamento dos negócios. Apesar disso, ela não tem direito a nada, em regra, pois nunca foi adotada. O recomendado seria preparar um testamento informando que ela teria direito a até 50% da parte disponível do patrimônio, e o restante ficaria com o filho legítimo, por exemplo.

Curador especial

A legislação (1.733, §2º do Código Civil[35]) autoriza o testador a nomear curador especial para realizar a administração da herança ou legado dos bens que beneficiem menores. Portanto, é possível a nomeação de um curador especial para administrar um bem específico ou todos os bens deixados ao menor.

Muitos clientes contratam seguros de vida e até direcionam algumas estratégias para essas pessoas em testamento, para custear as despesas e ampará-las no início dessa nova etapa da vida delas. Conheço a história de um casal que não podia ter filhos e adotou um menino que foi abandonado na maternidade assim que nasceu. Levaram o bebê para casa e viveram momentos de extrema alegria, pois era um sonho realizado, depois de tantas tentativas! Mas, novamente, o destino se impôs. Um dia, o pai, que tinha apenas 50 anos, passou muito mal enquanto trabalhava, e acabou falecendo de problemas cardíacos. Mãe e filho viveram um luto profundo. Passados uns dois anos, a mãe também se sentiu mal e foi hospitalizada. Depois de muitos exames, descobriram um

---

35 Art. 1.733. Aos irmãos órfãos dar-se-á um só tutor. §2º Quem institui um menor herdeiro, ou legatário seu, poderá nomear-lhe curador especial para os bens deixados, ainda que o beneficiário se encontre sob o poder familiar, ou tutela.

câncer em estágio avançado. Os médicos não lhe deram muito tempo de vida.

A mãe decidiu, então, conversar com o filho (que contava seus 14 anos), para prepará-lo para o futuro. De maneira muito franca e amorosa, explicou que não estaria ali para ampará-lo e que não haveria ninguém da família que pudesse cuidar dele depois que ela se fosse. Ele, então, teria que escolher entre dois amigos dos pais (que eram pessoas queridas e de confiança), que poderiam acolhê-lo. O rapaz, apesar da tristeza de se sentir órfão novamente, acabou escolhendo um dos amigos e o testamento foi redigido, colocando-o como seu curador especial. Ele ficou responsável por sua educação e pelos bens (dois imóveis, carros, investimentos etc.), até que o rapaz atingisse a maioridade, conforme as instruções da matriarca. Amparado pela família desse curador, ele passou a viver junto com sua esposa e filhos. A mãe faleceu pouco tempo depois da conversa e das providências tomadas.

Outra situação que presenciei foi a de um pai que percebeu que a esposa não conhecia nada do negócio familiar e não tinha condições de fazer sua gestão financeira, caso ele faltasse. Ele nomeou, então, o irmão como curador especial do filho, para ser responsável pela receita financeira e a distribuição de lucros da empresa, ao passo que a mãe continuaria cuidando da criação do filho após o falecimento do fundador.

Essa interferência do curador especial quanto à questão patrimonial pode ter prazo determinado, atuando até que o filho se gradue ou complete 30 anos, por exemplo. Esse irmão vai gerir o patrimônio, impedindo que aquele filho possa dilapidá-lo ou que não saiba administrá-lo corretamente.

Portanto, nota-se aqui um importante instrumento de planejamento sucessório testamentário que, a propósito, poderá auxiliar de diversas formas nos negócios familiares, nas participações societárias e na continuidade do legado de forma protegida.

Se faz necessário destacar que o curador especial não exclui o poder familiar, pois ao curador especial cabe apenas a administração dos bens deixados sob essa condição.

Pessoas solteiras, sem herdeiros

No Brasil, quase 11 milhões de pessoas vivem sozinhas.[36] Caso não tenham filhos, netos, cônjuges, pais ou avós (os irmãos são colaterais, não são herdeiros necessários), com quem ficarão os bens? Vão se perder? Caso não haja testamento, o patrimônio será absorvido pelo Estado.

Por isso, é importante registrar, em testamento, o último desejo dessa pessoa. Ela pode, por exemplo, dividir o patrimônio entre instituições beneficentes que apoia, pessoas e amigos que a ajudaram, pelas quais sente gratidão.

2. Preservar objetos de valor sentimental

Aqui está inserido tudo o que for importante para você e que seja de baixo valor pecuniário (financeiro), pois não entram no inventário. Podem ser livros, escritos, móveis, instrumentos musicais, coleções de selos e moedas, quadros de menor valia, pequena quantia

---

36 RODRIGUES, L. Brasil tem quase 10,8 milhões de pessoas morando sozinhas. **Agência Brasil**, 22 jul. 2022. Disponível em: https://agenciabrasil.ebc.com.br/geral/noticia/2022-07/brasil-tem-quase-108-milhoes-de-pessoas-morando-sozinhas. Acesso em: 17 fev. 2024.

de dinheiro e até mesmo o pagamento das despesas funerárias. Para fazer essa partilha, você poderá lançar mão de instrumentos como codicilo ou testamento digital:

- <u>Codicilo</u>: é um instrumento jurídico mais simples, informal e fácil de ser acionado (como um ministestamento), que pode ser usado paralelamente ao testamento. Neste, você tratará da parte disponível (os 50% do seu patrimônio) e indicará curadores especiais e suas responsabilidades. O codicilo é indicado para bens de pequeno valor.[37]

- <u>Testamento digital</u>: você pode optar para que sejam encerradas todas as suas mídias sociais assim que falecer e deixar isso registrado em testamento. Contudo, como muitos empreendimentos estão baseados no meio digital, você pode considerar que há pessoas da sua equipe que estão envolvidas e dependem desses canais, portanto será interessante que se dê continuidade à página, por responsabilidade e por estratégia. Assim, você pode nomear um curador especial para gerenciar suas redes sociais, e seu conteúdo pode seguir favorecendo as pessoas, como um canal de educação ou que ensine a lidar com algum tema específico: plantas, maquiagem, receitas, artesanato etc.

3. Cuidar dos seus animais de estimação

Caso você seja tutor de pets, não desejará que eles fiquem desamparados. Talvez já saiba que nenhum dos seus parentes próximos poderá ficar com eles, então, é possível nomear um

---

37 GARCIA, A. Codicilo. **Jusbrasil**, 6 jun. 2021. Disponível em: https://www.jusbrasil.com.br/artigos/codicilo/1226797865. Acesso em: 17 fev. 2024.

tutor, um amigo, uma vizinha, que os acolherá. Também há como dedicar uma porcentagem do seu patrimônio em testamento e até contratar um seguro de vida para ser resgatado por esse tutor, cobrindo assim os custos com os cuidados com seus animais. Há também maneiras de estabelecer condições ou termos para esse tutor, elegendo alguém que possa acompanhar suas funções, como um fiscal desse desempenho, salvaguardando o bem-estar dos pets.

Por exemplo, minha amiga Maria ficará responsável pelos vinte cães do Gilberto, e, para os cuidados e a alimentação deles, será deixado um seguro específico para ser resgatado por ela. Minha outra amiga, a Josefa, acompanhará a Maria nessa manutenção, para saber se os cuidados estão sendo seguidos. Quanto carinho e cuidado!

Doação via escritura pública

Apesar de eu não a considerar (a partir da minha experiência profissional), uma ferramenta muito favorável para a sucessão de patrimônios de médios e grandes empresários ou produtores rurais, ela é indicada em alguns casos, nos quais não se encaixa a aplicação de testamento nem de holding familiar.

A **doação via escritura pública** pode ser realizada no cartório de notas ou com o auxílio de um advogado (recomendado, apesar de não ser obrigatório). Você pode definir quais imóveis serão doados para qual pessoa. Normalmente inserimos uma cláusula de usufruto (poucas vezes ceder o bem diretamente será uma opção), que é uma trava de segurança, para que seja utilizado durante toda a vida, sem poder ser vendido antes do falecimento do usufrutuário. Então, enquanto o dono estiver vivo, ele pode alugar, morar, ou ter algum rendimento naquele patrimônio, porque tem o usufruto, e o filho ficará com a nua-propriedade. O usufruto se extingue com o falecimento, com a apresentação da certidão de óbito, quando o herdeiro passa a ter a propriedade plena, para dispor da maneira que quiser. Importante destacar que a baixa do usufruto não será objeto do inventário.

Vamos imaginar que você tenha cinco propriedades de igual valor e cinco filhos. Pode fazer a doação em vida, determinando quem receberá cada imóvel, ou fazer algum tipo de recomposição para igualar a parte de cada um, no caso dos imóveis de valores diferentes. O inventário, neste caso, ocorrerá sobre o que houver além desses bens (por exemplo: conta-corrente, empresa, automóveis, investimentos, outras propriedades, dívidas etc.).

O que ocorre assim que uma pessoa falece?

Há providências a serem tomadas.[38] Atualmente, já existe uma rede de comunicação no Brasil que vem sendo aperfeiçoada. Antes do sepultamento ou cremação, é importante cuidar da documentação, nesse caso, providenciar a Certidão de Óbito da pessoa falecida. No que tange aos documentos pessoais, a Lei nº 13.114/2015 determina a obrigatoriedade de os serviços de registros civis de pessoas naturais comunicarem à Receita Federal e à Secretaria de Segurança Pública os óbitos registrados.[39]

---

38 CNJ Serviço: quais são os trâmites legais após o falecimento de uma pessoa. **Conselho Nacional de Justiça**, 22 mar. 2019. Disponível em: https://www.cnj. jus.br/cnj-servico-quais-sao-os-tramites-legais-apos-o-falecimento-de-uma-pessoa/. Acesso em: 18 fev. 2024.

39 BRASIL. **Lei n. 13.114, de 16 de abril de 2015**. Dispõe sobre a obrigatoriedade de os serviços de registros civis de pessoas naturais comunicarem à Receita Federal e à Secretaria de Segurança Pública os óbitos registrados, acrescentando parágrafo único ao art. 80 da Lei nº 6.015, de 31 de dezembro de 1973. Brasília: Presidência da República, [2015]. Disponível em: https://www.planalto.gov.br/ccivil_03/_ato2015-2018/2015/lei/l13114.htm. Acesso em: 29 fev. 2024.

Os familiares precisam ir até o cartório e dar entrada no inventário (prazo de 60 dias, em média), mesmo que não haja patrimônio (chamamos de inventário negativo), para dar baixa no CPF da pessoa, munidos de certidão de óbito e da declaração de imposto de renda. A baixa do inventário também gera uma notificação que é comunicada à Receita Federal, órgãos estaduais e municipais e rede bancária. Caso haja conta-corrente conjunta, todo saque precisa ser justificado (por exemplo, para pagar as despesas funerárias), pois será questionado no inventário.

Seguro de vida e previdência privada

Há soluções interessantes e com um mercado gigantesco e bem diversificado, como o seguro de vida[40] e a previdência privada,[41] que auxiliam e dão alguma segurança financeira e liquidez enquanto uma ferramenta mais completa não é acionada para proteger o patrimônio imobiliário e mobiliário e para gerir os negócios familiares.

Para alguns clientes – ainda inseguros sobre como amparar os filhos –, costumo recomendar que pelo menos contratem um seguro de vida tendo como beneficiários os filhos, gerando liquidez num momento tão delicado, para que possam auxiliar, na ausência dos pais, nas despesas de uma faculdade, colégios dos netos ou ter suporte financeiro com as despesas mensais.

---

40 O QUE é seguro de vida? Entenda como funciona e como são as coberturas. **InfoMoney**, 22 mar. 2023. Disponível em: https://www.infomoney.com.br/guias/seguro-de-vida/. Acesso em: 18 fev. 2024.
41 ENTENDA o que é a previdência privada. **UOL**, 27 dez. 2019. Disponível em: https://economia.uol.com.br/noticias/redacao/2019/12/27/previdencia-privada-como-funciona-rendimento.htm. Acesso em: 14 jan. 2024.

Cumpre destacar que o seguro de vida e a previdência privada (com intuito securitário, mas não como forma de fraudar a legítima, por exemplo) não entrarão no inventário.

Holding familiar

Caminhamos, então, para a solução mais completa em se tratando de planejamento sucessório, que é conhecida como **holding familiar**. Todavia, ela não necessariamente é a melhor opção para todos os casos nem deve ser utilizada de maneira indiscriminada. É preciso uma análise prévia, como veremos adiante.

Essa modalidade consegue sair da regra impositiva do Estado, já preestabelecida no Código Civil, e atua por meio de um modelo empresarial societário, que dá mais flexibilidade para desenhar as próprias normas. Também dispõe de travas de doação, com reserva de usufruto, e trabalha fatores pós-morte, que a escritura pública não consegue proteger de forma eficiente.

- O sistema de holding atende diversas necessidades específicas, organizando algumas questões importantes, que podem prevenir conflitos no futuro, como:
  - Quem vai gerir o patrimônio após o falecimento do fundador (patriarca) ou da fundadora (matriarca)?
  - Quais são as regras para aqueles que quiserem sair da empresa e requisitar as devidas participações no negócio? Nesses casos, como proteger a saúde financeira da empresa?
  - O que acontece caso o administrador escolhido ou outros familiares na linha de sucessão falecerem ou tenham que se afastar dos negócios por qualquer razão?

- Como estabelecer transparência na gestão e na prestação de contas, para evitar algum tipo de irregularidade?

Aprofundaremos, a partir dos próximos capítulos, o item holding familiar, apresentando mais casos.

O QR Code a seguir dá acesso a um vídeo no qual explico melhor o que seria a holding familiar e algumas vantagens de sua aplicação.

Vídeo 2 – O que é holding e quais as suas principais modalidades?
Aponte a câmera para o QR CODE para acessar o conteúdo:
https://estevesholding.com.br/holding-principais-modalidades/

Soluções internacionais

Dentre as possibilidades de planejamento e proteção patrimonial internacional, destacarei brevemente nos parágrafos seguintes os institutos offshore e trust, nas palavras de um grande amigo e especialista no tema, Alexandre Arregui,[42] residente em Genebra, na Suíça. Trarei também algumas reflexões importantes.

Quando se trata de patrimônio, seja pessoal, seja do nosso negócio, não podemos atacar, apenas defendê-lo. No livro *Da Guerra*, o general prussiano Carl Von Clausewitz discorre sobre estratégia de guerra e das diferentes nuances dos problemas de ataque e defesa. No capítulo sexto do quinto livro, ele diz: "... são os mais fracos,

---

42 Site: www.alexandrearregui.com.br e página do Instagram: @xandiarregui.

aqueles que certamente vão precisar de defesa, que devem sempre estar armados para evitar que sejam destruídos."[43]

Aqui não desejamos, de modo algum, trazer estratégia de guerra ao leitor, ainda mais no contexto de proteção do patrimônio. Contudo, no momento em que vemos uma tendência transformadora na sociedade contemporânea de atacar o acúmulo de patrimônio, entendemos que não custa pensarmos em estratégias para defendê-lo.

Nesta obra, são apresentadas as características e elementos das empresas de proteção patrimonial denominadas holdings (familiares e rurais) ou empresas controladoras. Elas são instrumentos que servem para trabalharmos a proteção do patrimônio em distintas perspectivas, como: jurídica, contábil, sucessória, de governança familiar e empresarial.

Contudo, eu os convido para uma perspectiva mais ousada, a da "diversificação territorial". Talvez o trabalho de planejador patrimonial seja o de um pessimista, em que somos remunerados para pensar sempre o pior que possa acontecer ao patrimônio de nossos clientes. Dessa forma, e considerando que nós brasileiros experienciamos instabilidade política e econômica e incutimos em nosso subconsciente a memória desses acontecimentos, é natural pensarmos se existe um lugar no mundo onde essas "ameaças" sejam menores. E disso surge a perspectiva da diversificação territorial. Imagine que pudéssemos escolher um lugar no mundo onde não houvesse inflação, ou os impostos fossem menores, ou determinadas

---

43 Tradução nossa. Original: *"In other words it is the weak, those likely to need defense, who should always be armed in order not to be overwhelmed."* CLAUSEWITZ, C. **On War**, 1993, London: Everyman's Library, p. 444.

regras que gerem o patrimônio fossem distintas daquelas que hoje temos que nos conformar. E ainda, que essa possibilidade não constituísse um ilícito no nosso país de residência, como uma evasão fiscal ou uma fraude à legítima.

Imagine que tudo fosse feito de acordo com o que a lei prescreve e sob a legalidade exigida pelo colegiado de leis do nosso país de residência. Parece utopia? A grata resposta que tenho é que não, não se trata de utopia, mas sim de estratégia de internacionalização do patrimônio.

Para que isso seja possível e materialize esse nosso desejo de proteção ultramar, devemos ter à nossa disposição os veículos que permitam, de forma lícita e legal[44] que essa estratégia de defesa possa se concretizar, inclusive levando consigo a holding patrimonial, objeto principal desta obra.

Poderíamos então traçar diversas estratégias de defesa do nosso patrimônio, tais como o simples fato de termos uma conta no exterior,[45] em moeda diferente, como o dólar americano ou franco suíço, que são, ao menos na atualidade e último século, moedas seguras em relação às nossas diferentes moedas brasileiras dos últimos 50 anos. Mas para além dessa estratégia, temos as estruturas internacionais, tais como as empresas offshore e os

---

44 Toda a alusão às empresas offshore neste capítulo levam em consideração a importância da conformidade (compliance) com as regras e leis internacionais e as regulamentações contra lavagem de dinheiro, corrupção, tráfico de drogas e de armas, bem como qualquer atividade de natureza criminosa previstas em quaisquer tratados, e regras internacionais.

45 Aqui também é importante salientar o papel dos acordos de troca de informações fiscais e como estes podem afetar a privacidade e o sigilo bancário, sob a perspectiva do que mencionamos na nota supra, através dos acordos como FATCA (Foreign Account Tax Compliance Act) dos Estados Unidos da América; e o CRS (Common Reporting Standard) oriundo da OECD (Organização para a Cooperação e Desenvolvimento Econômico).

trusts. Existem, claro, outros veículos, mas decidimos delimitar a nossa exposição a estes dois institutos, pois representam a grande maioria dos veículos jurídicos utilizados pelos brasileiros.

As empresas offshore são entidades jurídicas constituídas em uma jurisdição ou país[46] diferente daquele onde os acionistas ou beneficiários finais residem. As jurisdições estrangeiras podem oferecer vantagens fiscais, comerciais, sucessórias ou ainda regulatórias. Essas vantagens podem incluir maior eficácia fiscal, maior privacidade, proteção de distintos tipos de ativos, e uma estrutura regulatória mais flexível, dependendo do tipo de bens ou operações empresariais. O termo offshore, oriundo da língua inglesa, significa estar fora, "*off*", para além da costa, "*shore*", do país de residência do beneficiário final. Ainda, quando vislumbramos o contexto empresarial e de negócios, refere-se principalmente à localização jurídica e fiscal da empresa, não necessariamente à sua localização física.

No contexto de unirmos as estratégias proporcionadas pelas Holdings Patrimoniais nacionais, e as empresas offshore, vai haver um aumento significativo na robustez da proteção patrimonial. No Brasil, a holding patrimonial é uma entidade criada para deter, gerenciar e proteger ativos e investimentos, e é utilizada para centralizar a propriedade de várias empresas, imóveis, direitos de propriedade intelectual, ou outros ativos significativos. Ela oferece uma estrutura para planejamento sucessório, proteção de ativos contra litígios e, em certos casos, eficácia fiscal. Isso dito, as empresas offshore adicionam a este contexto uma ferramenta

---

46 Para fins de ilustração, os países mais utilizados pelos brasileiros, de acordo com a nossa experiência de 20 anos lidando com clientes brasileiros, são: Ilhas Virgens Britânicas, Bahamas, Panamá, Ilhas Cayman, Estados Unidos (Flórida, Delaware), Singapura e Jersey.

estratégica para melhorar ainda mais os objetivos das holdings patrimoniais. Para que isso aconteça, existem diversas formas de transferir o controle acionário da empresa holding brasileira para uma estrutura offshore, podendo assim aferir uma proteção ainda maior ao patrimônio.

Ou seja, a privacidade e o sigilo continuam como vantagem. No entanto, as administrações fiscais seguem trocando informações de seus contribuintes de forma automática, como medida para coibir a evasão e sonegação fiscal e a lavagem de dinheiro. Ademais, de todos os veículos internacionais que temos à disposição para internacionalização do patrimônio, as empresas offshore são a estratégia mais simples. Por isso nos cabe trazer um outro veículo, que proporciona ainda mais vantagens e proteção: os trusts. Por se tratar de um instrumento jurídico de um sistema diferente do brasileiro,[47] convidamos o leitor a fazer uma abstração levando em consideração que alguns termos podem causar estranheza, visto que somos educados nos bancos das faculdades de Direito com o sistema brasileiro, que tem as suas origens no direito romano e foi construído na tradição civilista, ao contrário

---

47 Até o ano de 2023, o trust estava presente, mesmo que sem uma definição mais acurada, no regramento jurídico brasileiro, o que de maneira alguma anula ou gera incompatibilidade no que diz respeito à sua criação ou ao seu reconhecimento. Contudo, em dezembro de 2023, ocorreu um marco na seara legislativa, e para aqueles que operam com o instituto do trust, uma grata surpresa surge com a Lei n. 14.754 de 12 de dezembro de 2023, que dispõe sobre a tributação de aplicações em fundos de investimento no país e da renda auferida por pessoas físicas residentes no país em aplicações financeiras, entidades controladas e trusts no exterior; e demais disposições. Ainda que a lei careça, salvo melhor juízo, e de acordo com a nossa humilde avaliação, de uma correta definição de vários elementos descrevendo o trust, ao menos temos uma maior clareza no ordenamento jurídico pátrio quando tratamos dos trusts e de seus elementos constitutivos.

do trust, que tem origem no sistema do direito comum,[48, 49] ou *common law*, oriundo de países de origem anglo-saxônica, como a Inglaterra e os Estados Unidos.

Os trusts[50] são estruturas legais, materializadas de forma contratual, em que uma parte, o instituidor (ou comumente chamado de *settlor*) contribui com bens e direitos para este contrato (*trust, settlement*), destituindo-se assim da sua propriedade, posse e domínio em favor desse contrato. Assim, para administrar e deter esses bens e direitos, surge a figura do trustee, que é um terceiro sem interesse e confusão patrimonial com o patrimônio do trust, e que tem o dever fiduciário de deter e administrar os bens que são contribuídos ao trust em benefício de outra(s) parte(s). Esta(s) outra(s) parte(s) é(são) o(s) "beneficiário(s)".

O trustee tem a obrigação legal (dever fiduciário) de administrar os ativos de acordo com os termos estabelecidos no trust, que são determinados e cuidadosamente redigidos pelo instituidor (*settlor*) do trust.

Os trusts no planejamento patrimonial

Os trusts podem ser classificados em revogável e irrevogável, sendo que, no primeiro caso, ele pode ser alterado e eventualmente

---

48 MAITLAND, F. W. **Equity, Also, The Forms of Action at Common Law:** Two Courses of Lectures. Editado por A.H. Chaytor e W.J. Whittaker. Cambridge: University Press, 1910.

49 HUDSON, A. **Understanding Equity & Trusts.** New York: Routledge. 7. ed., 2022.

50 Para suprir as lacunas hermenêuticas de um sistema jurídico como o brasileiro, que desconhece o instituto do trust, surge nos anos 1980 a Convenção de Haia sobre sobre a Lei Aplicável ao Trust e ao seu reconhecimento, que fora concluída em 1 de julho de 1985 e elaborada pela Conferência de Haia sobre Direito Internacional Privado.

dissolvido (ou *terminated*) pelo instituidor a qualquer momento. Sendo irrevogável, isso jamais poderia ocorrer.

No mais, de acordo com a doutrina inglesa, um trust pode ser classificado como discricionário ou não discricionário; no primeiro, o trustee, ou o administrador, tem ampla e irrestrita discrição sobre como e quando distribuir os bens e direitos aos beneficiários, preso, contudo, às regras estabelecidas no contrato de trust, e sob a pena do dever fiduciário. Em um trust não discricionário, as eventuais distribuições serão determinadas pelas regras e cláusulas específicas estabelecidas no documento constitutivo do trust. Nós sempre aconselhamos os trusts discricionários, pois o elemento pivotal para se constatar que o trust é de fato um instrumento de proteção patrimonial efetivo, robusto, e que tecnicamente esteja preparado para qualquer ataque, é o controle. Uma vez que o instituidor continue exercendo o controle de forma efetiva e desenfreada, o trust perde a sua força e pode ser considerado um *sham trust*, ou seja, uma fraude.

Por fim, o trust pode, a qualquer momento, receber quaisquer tipos de bens e direitos e, dentro dessa variedade de bens e direitos, as quotas ou ações de uma holding familiar brasileira, e consequentemente de todos os bens que sejam por esta detidos.

AUTOAVALIAÇÃO PARA SUCESSÃO: ANALISE O SEU CASO

Como é muito importante que você consiga visualizar sua situação de maneira mais ampla, preparei um checklist inicial mais objetivo:

CHECKLIST DE DOCUMENTOS E INFORMAÇÕES

Documentos:

a) Declaração de Imposto de Renda de Pessoa Física (IRPF);

b) Estado Civil ou Regime de Comunhão (para quem for casado) de todos os familiares que integrarão a holding (pais e filhos);

c) Documentação da(s) empresa(s), como contrato social e última alteração contratual, se houver empresa;

d) Certidão do Registro dos Bens Imóveis que serão integralizados na holding (imóveis que estão em nome dos pais).

Informações:

a) Qual o valor atualizado (aproximadamente) de todo o patrimônio imobiliário?

b) Existe algum tipo de planejamento sucessório na família?

c) Existem bens imóveis não declarados no Imposto de Renda dos pais? Em caso afirmativo, quais seriam os documentos deles (escritura pública, contrato de compra e venda, termo de posse)?

d) Existe um ou mais imóveis que você pretende vender nos próximos meses?

e) Existem bens imóveis destinados à locação ou arrendamento/ parceria rural?

f) Algum bem imóvel está alienado, hipotecado, penhorado ou em garantia real com alguma instituição financeira (banco)?

g) Você, sua família ou a empresa responde(m) por algum processo administrativo (Ibama, Receita Federal, Estadual, Municipal ou outros) ou processo judicial (Execução Fiscal, Ambiental, Trabalhista, Bancária, de terceiros)?

Você poderá preencher o checklist completo e mais detalhado acessando o QR Code a seguir. Assim, você poderá começar a organizar as informações e preparar um esboço do seu planejamento sucessório.

Vídeo 3 – Holding é pra mim?
Aponte a câmera para o QR CODE para acessar o conteúdo:

https://estevesholding.com.br/holding-para-mim/

MÉTODO EPA: ENTENDER PARA ATENDER

Seguindo o caminho das soluções, ingressaremos no **Método EPA: Entender Para Atender**, uma metodologia que criei para facilitar as análises de sucessão, na qual aplico ferramentas de planejamento que organizam e protegem de maneira segura seu patrimônio. O nome é autoexplicativo, mas basicamente trata de compreender o contexto de cada família para poder encontrar a melhor e mais personalíssima opção para a sucessão. Você aprenderá a fazer isso.

O Método EPA é composto por cinco passos – elevando o nível da consciência, superação, organização, comunicação e transformação –, em que nos aprofundaremos adiante.

No próximo capítulo, apresentaremos o passo 1, que trata do aumento da conscientização, porque quanto mais você souber sobre sucessão, mais fácil será encontrar a saída para seu caso específico, que é muito particular e repleto de particularidades.

EPA!

HORA DE ALMOÇAR COM SEUS FILHOS E CONHECÊ-LOS MELHOR!

NO MOMENTO EM QUE VEMOS UMA TENDÊNCIA TRANSFORMADORA NA SOCIEDADE CONTEMPORÂNEA DE ATACAR O ACÚMULO DE PATRIMÔNIO, ENTENDEMOS QUE NÃO CUSTA PENSARMOS EM ESTRATÉGIAS PARA DEFENDÊ-LO.

@HOLDINGFAMILIAR

05.

PASSO 1: ELEVANDO O NÍVEL DE CONSCIENTIZAÇÃO

Quando se está na margem, você vê todo tipo de coisa que não pode ser vista no centro. Coisas grandes, inimagináveis... As pessoas na margem as veem primeiro.[51]

Chegamos ao passo 1 do Método EPA: Entender Para Atender. Aqui vamos tratar do aumento do nível de conscientização de todos os pais, convidando para a seguinte reflexão: o melhor momento para se pensar no bem-estar dos filhos é agora, no presente! A conversa sobre sucessão não pode ser adiada.

É interessante perceber que cada membro da família está em um estágio da vida, e o que é importante para um pode não ser para o outro. A ideia aqui é dar subsídios para que a conversa entre gerações possa ser ampliada e chegue a um ponto de maturidade que favoreça a sucessão do legado. Já vimos que é um tema que precisa ser abordado, e a questão agora é *como* e *quando* isso vai acontecer.

ETAPAS DA CONSCIENTIZAÇÃO

Vejo esse nível de conscientização como se fosse uma escada. Nos primeiros degraus, você desconhece completamente o que seria sucessão. Um pouco adiante, ouve algumas histórias de amigos e parentes e percebe que esse é um tema que não domina muito e que precisa entender melhor quais são as possibilidades. Depois, novos casos ocorrem, você lê um artigo, vê um vídeo no YouTube, um anúncio no Instagram, tem uma conversa com um amigo, chega até este livro, o que faz com que você fique mais atento e sinta que esse conteúdo possa ser útil para você, sua família ou um cliente. O

---

51 VONNEGUT, K. **Piano mecânico**. Rio de Janeiro: Intrínseca, 2020.

topo dessa escada é quando se alcança o entendimento de que esse é o certo a ser feito, e que precisará realmente consultar alguém para viabilizar esse planejamento sucessório.

Pela minha experiência profissional e observação dos casos, visualizo da seguinte maneira os estágios que diferem as pessoas em relação à sucessão:

NÍVEL	FERRAMENTAS PROVÁVEIS
Básico	• Inventário.
Intermediário	• Doação via escritura pública; • Testamento; • Seguro de vida; • Previdência privada.
Avançado	• Holding familiar.

EXERCÍCIO DE CONSCIENTIZAÇÃO

No processo de aumento gradual da conscientização, ocorrem muitos movimentos internos que fazem com que saiamos em busca de soluções e percebamos o que realmente importa.

Convido você para que escreva, na lista a seguir, as cinco coisas mais importantes da sua vida:

O QUE É MAIS IMPORTANTE NA MINHA VIDA?
1-
2-
3-
4-
5-

É importante refletir sobre esses cinco itens mais essenciais da sua vida. Família? Bens? Negócios? Experiências? Tudo faz parte do seu legado, do que você construiu e deixará para as próximas gerações.

Se o pilar mais forte das suas escolhas for a composição familiar, é natural que queira seguir as responsabilidades inerentes ao seu papel no núcleo familiar, de maneira que não deixe nenhum prejuízo para ninguém. E o patrimônio vai sendo construído e você vai organizando tudo, dentro do possível, pois o objetivo é não deixar ninguém desamparado. Quanto aos negócios, percebe que tem que preparar uma pessoa de confiança para estabelecer essa sucessão; no caso, essa pessoa pode ser um administrador profissional, caso nenhum membro da família esteja preparado ou queira participar dessa continuidade.

Alguns poderão colocar na lista as mudanças que pretendem fazer na sua vida: "Quero voltar a ter as refeições em família"; "Quero viajar mais com minha esposa e filhos"; "Desejo retomar o relacionamento com aquele irmão ou com meu pai"; "Quero ter uma coisa que nunca tive (que talvez seja o mais importante para mim), que é conversar mais com minha família".

O essencial nesse exercício é que você pare e analise sua situação atual, percebendo o que realmente é importante e o que precisa ser ajustado. A partir disso fica mais fácil dedicar-se à sucessão e às providências que ela demandará.

HOLDING FAMILIAR COMO SOLUÇÃO

Você já sabe que, no Brasil, existe uma ferramenta de planejamento sucessório que organiza e protege de maneira segura o patrimônio familiar, possibilita auferir vantagens tributárias e permite que se estabeleça regras de gestão, administração e manutenção de controle em nome dos pais (patriarca e matriarca).

Essa ferramenta é denominada holding familiar e, quando bem estruturada, com planejamento estratégico – que se inicia antes da criação da empresa e perdura de forma contínua após a constituição dela –, permite uma série de benefícios que auxiliam na identificação de elementos intangíveis e que são essenciais para a continuidade, como a valorização do legado e a melhora do relacionamento familiar. Recomenda-se, nessa estrutura, a assessoria de profissionais jurídicos e contábeis especializados no tema holding.

Como disse anteriormente, o planejamento sucessório é um ato de amor e uma maneira concreta de manifestar esse amor para proteger aqueles que são especiais para você. Esse processo de sucessão precisa começar de algum ponto, que depende da sua configuração familiar e o que está sendo construído na sua vida.

Veja o que aconteceu quando tive uma conversa com um casal de Brasília (DF), quando um dos cônjuges, o Luiz Augusto, indagou: "Felipe, eu não sei nem por onde começar! Tenho seis filhos, empresas, bens móveis e imóveis, trabalho há trinta e cinco anos sem parar, pensando em dar o melhor para minha família, mas talvez o que é melhor, na minha visão, não seja o melhor quando eu não estiver aqui. Você pode me dizer o que devo fazer? Qual caminho devo seguir?".

Respondi que o que ele fazia estava 100% correto e que era o melhor pai do mundo para seus filhos. A única questão é que precisamos considerar que esse mundo talvez não seja o melhor mundo para eles, pois a conta vai começar a chegar quando notarem que a ausência física do pai será muito maior do que a ausência financeira. O Luiz contou que eles, infelizmente, não sabem nada sobre os negócios e, mesmo que dois deles já trabalhem na empresa familiar, ele precisaria colocá-los sob pressão constantemente! Precisaria tirá-los da zona de conforto, na qual sabem que terão como recorrer ao pai, que ainda está presente.

Para mim, um dos grandes segredos da vida é, como pai, ensinar ao máximo sobre como enfrentei os principais desafios da vida pessoal, amorosa e profissional para os filhos e, como filho, tentar aproveitar ao máximo as experiências, vivências e conhecimento dos pais e avós.

Disse para o Luiz Augusto que, pela minha análise, a holding familiar seria o instrumento de planejamento sucessório mais eficiente para ele. Só que, assim como seu legado patrimonial não havia sido construído em poucos dias, essa sucessão iria requerer uma grande dedicação por parte dele e dos filhos.

Ele me olhou com os olhos cheios de lágrimas e me perguntou: "Basta eu criar uma holding familiar que ela me ajudará a fazer isso tudo?". Sensibilizado, respondi: "Infelizmente, não! Mas a boa notícia é que eu ajudarei você a organizar sua holding familiar, de acordo com sua realidade, para ter sua cara, suas ideias, seus valores, e isso tem que ser feito já! Aí, sim, alcançaremos um resultado excelente e que será revisado e aprimorado com o tempo. Enquanto você está bem, saudável e querendo deixar um legado de verdade!".

Conscientização dos pais

Costumo ser procurado por pais, mães e filhos que querem conversar sobre planejamento sucessório, mas a quebra de objeção para se dar o primeiro passo ainda é um ponto a ser superado por muitos.

Certa vez, um filho levou o pai ao meu escritório. Ele parecia interessado, mas como precisava organizar todo o patrimônio (o formato da holding exige essa regularização), acabou protelando.

Ao longo das reuniões e da aplicação do Método EPA, ele foi se conscientizando, apesar de ter me dito que havia conseguido outro profissional por um custo mais baixo. Depois de conferir o que o concorrente oferecia, fui comentando item por item do que não estava sendo levado em consideração. Como estou acostumado a fazer auditoria e revisão geral em empresas com sistema de holding familiar, é fácil perceber as lacunas. E acabei indicando tudo que ele deveria cobrar da outra empresa/profissional, listando esses itens no meu script padrão, que uso na conversa com os clientes. Expliquei cada um dos tópicos e o problema que acarretaria a falta daquelas coberturas. Costumo fazer isso para os clientes, com bastante transparência.

Alguns aceitam, outros voltam mais adiante e costumo ouvir: "Bem que você falou isso, Felipe!". E lá vamos eu e minha equipe consertar alguma coisa. Hoje, eu tenho capacidade de entender que se trata do tempo de cada um. É natural que seja assim, pois é um tema difícil e complexo, com inúmeras ramificações.

Com a experiência, entendi que esse tema exige paciência, pois estamos lidando com a consciência da finitude de cada um. Falar de sucessão remete à lembrança da morte, e é complicado perceber que esse dia chegará para todos nós (inclusive para você e para mim). Por isso, nem sempre falo de holding em um primeiro momento. Muitas vezes, converso com o patriarca e a matriarca, com os filhos, para entender a realidade deles, tomamos um bom café e conhecemos a empresa ou a fazenda, no que eles trabalham, se têm funcionários, como chegaram até ali, como tudo começou. Então, já reúno muitas informações e consigo avaliar qual é o formato de sucessão mais adequado para essa família. Na segunda reunião, podemos falar mais da parte técnica e trazer as soluções.

E aquele patriarca que era muito resistente, acompanhado do filho, em um segundo momento começou a compreender melhor a proposta e compartilhou mais dados sobre os imóveis que não estavam regularizados e o valor de mercado total do patrimônio. Nossas conversas foram evoluindo e pudemos, então, organizar todos os subsídios que seriam úteis para a criação dessa holding e qual seria o melhor modelo para aquele caso específico, considerando o que realmente importava para eles, os valores, as preocupações, os pontos de atenção.

Aumentar o nível de conscientização e quebrar as resistências são os segredos de se construir um bom planejamento sucessório, com transparência e efetividade. Costumo dizer: "Avaliei que a holding é a ferramenta mais adequada para resolver essa sucessão, mas tenho que saber se você serve para a holding e vice-versa". Partindo dessa premissa, conversaremos a respeito dessa estratégia.

Quando há uma resistência inicial sobre o tema holding, posso começar os trabalhos recomendando a criação de um testamento, dependendo do caso, como quando verificamos que quem trabalha com o patriarca é o seu irmão, uma pessoa de extrema confiança, o seu braço direito.

Neste caso, voltaremos a falar sobre holding quando for o momento propício. Ou posso propor que reflita: "Pelo que você já me falou, a pessoa mais importante do seu negócio, sua composição principal, seria seu irmão e ele não tem nenhuma participação no negócio nem imóvel próprio. Caso você falte, ele ficará totalmente descoberto, e seus filhos assumirão um negócio que não dominam".

Dependendo da idade do pai ou da mãe, posso começar com o testamento e vou aumentando o nível de conscientização. Lá na frente, o testamento pode ser revogado, para a holding assumir com mais eficiência o planejamento sucessório como instrumento mais adequado e completo.

Quando priorizo a holding familiar, estou mostrando que o mais importante para aquele núcleo é a família, o patrimônio, o legado, a gestão do negócio, o que vai ser no futuro. Então, talvez seja a reunião mais importante que esse fundador vá ter com um advogado em toda sua vida.

A holding é muito mais do que um valor específico ou uma empresa, trata-se realmente de um mecanismo eficiente que vai permitir que organizemos tudo o que a pessoa já pensou (ou ainda nem pensou) dentro de um instrumento de sucessão.

Outro caso que ilustra essa complexidade da sucessão ocorreu na divisa de Goiás com o Mato Grosso. O fundador estava vivendo um momento conflituoso de divórcio. Começamos com um pacto antenupcial de união estável com outra pessoa, com quem já estava se envolvendo. Mas ele deixou o negócio da família e foi para a Bahia, onde pediu para documentar que só queria uma renda mensal de valor estabelecido por ele, para viver. Depois de um ano, acabou retornando e se reconciliou com a família. No início, discordou sobre a estrutura da holding, mas se conscientizou, ao longo dos acontecimentos, pois percebeu que seria o melhor para ele e para seu núcleo familiar.

O Martinez é um exemplo interessante também. Com 65 anos, teve três casamentos e os filhos já estão adultos, mas tem uma filha da união atual que tem apenas 2 anos. Então, ele sabe que precisa organizar a sucessão para amparar um dos filhos que tem 40 anos e que o ajudou muito a vida toda e depende exclusivamente dessa renda. Esse fundador tem empresas que ainda estão em seu nome juntamente com a ex-esposa. Imagine o caos que vai ser a abertura de um inventário nesse caso!

Uma vez, nos sentamos para conversar sobre o planejamento sucessório e a resistência dele era imensa. Depois de algumas intermináveis reuniões, ajustamos o planejamento financeiro para a execução do trabalho. Nos momentos que nos reuníamos para tratar da organização do legado e implementação do serviço, ficamos o dia todo na casa dele juntando as informações e os documentos, abrindo e fechando gavetas, armários e caixas de papelão. Era fácil perceber que ainda teríamos um caminho muito longo, mas providencial, pela frente e, como estratégia, segregamos os trabalhos em participações societárias, patrimônio imobiliário, gestão dos negócios e responsabilidades em geral (trabalhista, fiscal, contratual e bancária).

Soluções para casos mais complexos

É importante que se diga que nem todo planejamento sucessório acontece em momentos de paz. Vivi muitas situações em que a holding foi uma boa saída para situações familiares conflitantes. É o caso de pais que estão passando por um processo delicado de divórcio, ou que estão senis, com demência, Parkinson, Alzheimer ou alguma causa semelhante, na qual existe a possibilidade de o fundador ou a fundadora não estar bem e não conseguir tomar as melhores decisões.

Atendi vários casos com essas características, em que implantamos a holding para proteger o patrimônio da família. É comum termos que solicitar uma interdição (via judicial e com procedimento específico), reunindo, entre outras provas, o laudo de um ou mais profissionais capacitados que confirme tal condição de instabilidade mental/emocional (incapacidade relativa ou absoluta) que impede a pessoa de administrar a empresa ou os negócios da família e os bens. Solicita-se, então, que outra pessoa assuma essa administração ou que se nomeie curador especial, sendo que ela fará parte da holding e será responsável pelo patrimônio.

Cuidei de um caso no interior do Mato Grosso em que o fundador e a fundadora tinham dois filhos maiores de idade. Os quatro trabalhavam no negócio familiar, que era uma fazenda que explorava grãos (soja e milho) e armazenava grandes silos. O pai cuidava da parte de gestão e das negociações com o mercado; a mãe, do financeiro e administrativo; e os filhos, da parte operacional, com o auxílio do pai. Um dos filhos gostava mais de fazer a manutenção dos tratores, e o outro se dedicava ao plantio e ao dia a dia com os funcionários.

Os irmãos me contrataram, junto com a mãe, porque o pai havia se envolvido em um caso extraconjugal e estava dilapidando boa parte do patrimônio, pois, dentre outras coisas, vendia soja sem nota fiscal para levantar renda e alimentar esse relacionamento. A mãe disse que não concederia o divórcio, mas não queria que ele acabasse com o patrimônio que haviam construído juntos. Ela também confirmou – no controle mais atento – que estava registrando a saída de uma grande quantidade de soja, mas sem entrada de receita, portanto, sem nota fiscal. Houve caso de agressão do pai com filho, teve a gravação do ocorrido.

Entrei em cena no meio desse turbilhão. Fizemos um documento juntamente com o jurídico do grupo familiar, com o apoio da mãe, no qual mitigamos sensivelmente a gestão do pai e aprimoramos um novo eficiente controle de saída da soja. O pai foi colocado na berlinda: ou acatava as novas regras estabelecidas ou teria que sair do negócio. Organizamos esse instrumento, que serviria para amparar o futuro da família e o legado de todos.

É interessante perceber que, muitas vezes, o próprio filho traz uma solução para o empreendimento do pai, buscando mais clareza para essa estrutura, protegendo o interesse do negócio.

Limites ao planejamento sucessório

É importante destacar que há limites legais no direito brasileiro, que precisam ser respeitados, para a aplicação das ferramentas de sucessão, incluindo o sistema de holding familiar, conforme destaco, em conjunto com as amigas Marina e Ana, no livro *101 dicas de holding*.[52]

- 50% dos bens obrigatoriamente ficarão para os herdeiros necessários, que são os descendentes, os ascendentes e/ou o cônjuge.
- O companheiro também consta como herdeiro necessário, uma vez que o Supremo Tribunal Federal (STF) igualou o companheiro ao cônjuge, por meio dos Recursos Extraordinários 64.671 e 878.694, de repercussão geral, que declarou inconstitucional o artigo 1.790 do Código Civil.
- O patrimônio só poderá ser disposto em sua totalidade, ou seja, 100%, se não houver herdeiros necessários (filhos, netos, pais, avós, cônjuge).
- Ainda conforme o artigo 1.850 do Código Civil de 2002: "para excluir da sucessão os herdeiros colaterais, basta que o testador disponha de seu patrimônio sem os contemplar". Os herdeiros colaterais não são herdeiros necessários, e só serão chamados a herdar na falta destes e de planejamento sucessório.

---

52 ESTEVES, F.; TEDOLDI, A. C.; ZAVA, M. **101 dicas de holding**. São Paulo: Tributário Responde, 2023, p. 36.

Haverá impedimento para criar uma empresa, uma sociedade limitada e serem sócios, caso um dos envolvidos na holding seja casado em comunhão universal de bens, que era o regime padrão da década de 1970.

Particularmente, quanto ao impedimento legal previsto no art. 977 do Código Civil[53] mencionado no último tópico acima, existem alternativas, como a constituição de uma sociedade por ações cuja vedação não se estende, bem como a constituição de uma Sociedade Limitada Unipessoal (SLU) em que um dos cônjuges seria o sócio e o outro seria qualificado em cláusula especificamente destacada no Contrato Social e assinaria ao final como cônjuge anuente, interveniente e transmitente (importante verificar como funciona no seu estado, pois já realizei trabalhos em que foi necessário escritura pública com poderes específicos para tal outorga).

O que levar em consideração ao optar pela holding familiar

A partir do conhecimento das restrições quanto à aplicação dos instrumentos de sucessão, fica mais fácil entender alguns casos que ocorrem com pessoas que conhecemos e os que são divulgados pela mídia. Esses exemplos nos ajudam a compreender a dinâmica da execução da lei, o que pode aumentar seu nível de conscientização e favorecer para evitar problemas no seu planejamento sucessório.

Se for realizado um planejamento eficiente, a probabilidade de conflito é mínima. Mas caso haja a intenção de prejudicar alguém ou de receber benefícios que contradigam a legislação, não haverá

---

53 Art. 977 do Código Civil. Faculta-se aos cônjuges contratar sociedades, simples ou empresária, entre si ou com terceiros, desde que não tenham casado no regime da comunhão universal de bens, ou no da separação obrigatória.

uma solução, mas, sim, um terreno fértil para questões complexas que poderão ocorrer no futuro.

Conheço inúmeros casos de pais com filhos de outros relacionamentos ou extraconjugais, que também têm direitos e devem ter acesso ao patrimônio. Por isso, é preciso um planejamento mais adequado que não gere distorções, o que chamamos de "castelo de areia", algo que não se sustenta por muito tempo e que será destruído mais adiante. O fundador ou a fundadora pode ter sido instruído a utilizar mecanismos que não se sustentariam por muito tempo, o que geraria problemas maiores.

Alguns dos meus clientes, que têm filhos de outro casamento ou fora da união atual, não estabeleceram com eles bons relacionamentos, não têm contato nem vínculos. Nessas condições, não há como criar uma holding, uma empresa, reunindo todos na mesma estrutura: a esposa, o marido, três filhos da união atual, mais um filho de um relacionamento extraconjugal. Não há como fazer isso dar certo. No direito, inclusive, chamamos essa intenção dos sócios (de constituir e permanecer em uma sociedade) de *affectio societatis,*[54] ou "sociedade de afeto". É muito difícil estabelecer uma pessoa jurídica, uma sociedade limitada, se não houver bom relacionamento entre as partes. Isso vai gerar conflito, e alguém pedirá para sair em algum momento.

Mas não é por conta disso que esse filho não vai ter direito a nada. O que é possível fazer, então? Normalmente, já fazemos a doação de algum patrimônio para esse herdeiro referente ao seu quinhão hereditário. Caso haja algum questionamento futuro, é preciso que se estabeleça

---

54 KEIKO, D. *Affectio societatis*. **Migalhas**, 23 set. 2019. Disponível em: https://www.migalhas.com.br/depeso/311412/affectio-societatis. Acesso em: 16 jan. 2024.

dentro da empresa, da holding, quem será o futuro administrador e que conste que haverá essa pendência que deverá ser resolvida em momento oportuno. Quando cair o usufruto e os pais não estiverem mais aqui, caso aquele filho busque seus direitos no judiciário, essa possibilidade deve estar prevista no acordo de sócios, e já deve estar definido qual será o formato para indenizá-lo. Trata-se de uma questão bem avançada, que requer a análise de diferentes cenários, mas é importante reforçar que não podemos fraudar a legítima (dentro dos 50% do patrimônio total).

Outro formato seria criar uma empresa para esse outro filho, colocando uma parte do patrimônio nessa pessoa jurídica. E se for questionado mais adiante, é preciso que tudo esteja previsto e bem fundamentado. Neste caso, necessária se faz a presença de profissionais jurídico e contábeis juntos para alinhar meios seguros, corretos e legais.

Repito: isso tem que estar muito bem regulamentado, e algumas perguntas precisam ser feitas para cobrir todas as possibilidades e adversidades: quando se criou a empresa, qual era o valor patrimonial real de tudo? E no decorrer dos anos, qual foi a evolução patrimonial? E se mais adiante, no momento do falecimento dos fundadores, da queda do usufruto, o patrimônio, que no início era de 12 milhões de reais, por exemplo, tiver se transformado em 25 milhões de reais? Tudo precisa ser muito bem alinhado, transparente, documentado e cercado de profissionais qualificados.

Todas essas são arquiteturas que podem ser realizadas. Compartilho esses exemplos para que seu nível de conscientização vá se elevando e você conheça as opções, caminhando do nível Básico para o Avançado no decorrer deste livro, e percebendo que você tem a possibilidade de ter mais segurança com liberdade. Imagino você dizendo a si mesmo: "Tenho aqui um dever de casa, que é de reunir os documentos, organizar as coisas e preparar o meu legado".

CASOS DE HERANÇAS DE FAMOSOS

Alguns casos de personalidades[55] também nos ensinam sobre o que fazer e o que não fazer na sucessão. Vamos analisá-los?

Gugu Liberato[56]

Em 2003, entrou em vigor uma nova atualização do Código Civil, na qual os cônjuges, que não eram considerados herdeiros necessários, ganharam esse status. Se alguém faz um testamento sem levar isso em consideração, pode provocar um questionamento, como aconteceu neste caso. O apresentador, em 2011 (aos 52 anos), deixou pronto um testamento no qual definia que 50% do patrimônio iria para seus três filhos, e a outra metade seria dividida novamente entre eles, que ficariam com 75% do total, e seus cinco sobrinhos. No contrato entre Gugu e a mãe de seus filhos consta a doação feita pelo apresentador de uma mansão em Alphaville, São Paulo, e uma renda mensal bastante considerável. No entanto, a mãe questionou o testamento e pediu reconhecimento de união estável, para constar como herdeira necessária.

Neste caso, o ideal teria sido a definição de um testamento ou uma ou mais Holdings Familiares, levando em consideração os herdeiros necessários (descendentes, ascendentes, cônjuge ou companheiros de união estável), ou seja, a companheira e os três filhos (referente

---

55 FRANÇA, A. Como o planejamento sucessório pode evitar dor de cabeça na partilha de herança? **InfoMoney**, 29 dez. 2023. Disponível em: https://www.infomoney.com.br/minhas-financas/como-o-planejamento-sucessorio-pode-evitar-dor-de-cabeca-na-partilha-de-heranca/. Acesso em: 17 jan. 2024.
56 MORATELLI, V. Quando desandou de vez a harmonia entre herdeiros de Gugu Liberato. **Veja**, 11 jul. 2023. Disponível em: https://veja.abril.com.br/coluna/veja-gente/quando-desandou-de-vez-a-harmonia-entre-herdeiros-de-gugu-liberato. Acesso em: 17 jan. 2024.

a 50% do patrimônio). O restante dos bens estaria disponível para ser deixado para quem ele quisesse.

Chico Anysio[57]

Desde 2012, quando o humorista faleceu, o patrimônio segue em disputa. O desejo expresso no testamento do humorista era que os filhos conservassem o patrimônio intelectual, enquanto a esposa ficaria com os materiais, mas os oito filhos (de seis casamentos diferentes) o contestaram. No documento escrito por Chico, há também a exclusão do ator Lug de Paula, seu filho legítimo e herdeiro necessário. O testamento foi impugnado, pois a lei brasileira não permite a deserção de filhos sem motivos reais.

Para deserdar alguém, há duas possibilidades: uma delas é a pessoa definir em testamento que está deserdando algum herdeiro e colocar o motivo, que precisa ser sério, para torná-lo indigno. A indignidade de um herdeiro também pode ser colocada por outros herdeiros, quando confirmada em sentença transitada em julgado contra aquele que pratica crimes como homicídio ou qualquer tipo de violência, ou uso de meios fraudulentos para dispor dos bens do autor da herança. Este foi o caso de Suzane von Richthofen, que perdeu o direito da herança dos pais porque foi condenada criminalmente pela morte deles. O irmão dela ingressou com ação de indignidade, a que ela tentou recorrer, mas desistiu, pois existiu realmente um crime, não foi uma simples desavença ou litígio entre as partes.

---

57 COM desavença em herança, saiba quem é quem na família de Chico Anysio. **UOL**, 3 ago. 2023. Disponível em: https://www.uol.com.br/splash/noticias/2023/08/03/chico-anysio-heranca-quem-e-quem-familia.htm. Acesso em: 17 jan. 2024.

Pelé

A herança do rei do futebol também é alvo de disputa judicial que envolve o filho mais velho, a enteada e a viúva. Os outros dois filhos entraram com pedido na Justiça para que a enteada fosse reconhecida como filha socioafetiva, o que lhe daria direito à herança, mas o filho mais velho contesta.

Marília Pêra

O patrimônio da atriz (falecida em 2015) seria dividido entre os três filhos, o viúvo e a irmã dela. Os filhos ficariam com 25% cada (perfazendo 75%) e a irmã e o marido dividiriam os 25% restantes. Mas o viúvo, que foi casado com a atriz por dezessete anos, questionou a partilha. Em 2019, as partes entraram em acordo e aceitaram o que foi estabelecido por Marília.

Mussum[58]

Após trinta anos da morte do ator (falecido em 1994), ainda se mantém o processo judicial sobre a divisão do seu patrimônio. A questão é que apenas em 2019 um filho de Mussum foi reconhecido por exame de DNA. A partir daí, ele entrou com uma ação judicial para ser inserido no inventário do pai, e atualmente segue brigando na justiça pelo reconhecimento da paternidade e o direito à herança, junto com os outros quatro filhos do humorista.

---

58 CRUZ. R. Filho de Mussum e a briga por herança: "Falou de dinheiro, todo mundo muda". **UOL**, 31 out. 2023. Disponível em: https://www.uol.com.br/splash/noticias/2023/10/31/igor-palhano-filho-de-mussum-fala-de-briga-por-heranca.htm. Acesso em: 17 jan. 2024.

> Este caso nos mostra que, se no momento da abertura de um inventário ou testamento surgir um filho fora do casamento, o processo é interrompido e a solução segue os trâmites tradicionais, com a necessidade de comprovação da paternidade e a divisão do patrimônio entre os herdeiros.

Emílio Santiago

A herança do cantor (falecido em 2013) ainda vem sendo disputada por uma irmã e o viúvo, que provou, em 2021, a união estável com Santiago. Porém essa união está sendo contestada pela irmã. O inventário foi interrompido novamente em decorrência de ação para provar a paternidade de um filho, o que fez com que o corpo do artista fosse exumado para a realização do exame de DNA, mas o resultado deu negativo.

Zagallo[59]

No testamento, elaborado em 2016 (oito anos antes de seu falecimento, em 2024), o ex-técnico da Seleção Brasileira de Futebol nomeou o quarto filho como inventariante dos bens, doando para ele 50% de seu patrimônio, com o restante sendo dividido entre os quatro filhos, como obriga a lei. O caçula, que cuidava do pai há anos, receberia, portanto, 62,5% de tudo. Os outros três filhos maiores (que teriam direito a 12,5% cada) entraram na justiça alegando que o caçula havia restringido o acesso ao pai e alegaram

---

59 BRIGA por herança: Zagallo deixa 50% dos bens para 1 dos 4 filhos; o que diz a lei? **InfoMoney**, 26 jan. 2024. Disponível em: https://www.infomoney.com.br/minhas-financas/briga-por-heranca-zagallo-deixa-50-dos-bens-para-1-dos-4-filhos-o-que-diz-a-lei/. Acesso em: 11 fev. 2024.

que ele foi responsável por movimentações bancárias e patrimoniais milionárias, incluindo saques recorrentes em contas bancárias.

Avançamos um pouco mais no nível de consciência, trazendo conhecimento e exemplos que serão úteis para sua análise e decisão. No próximo capítulo, trataremos do passo 2 do Método EPA, que é a Superação, pois com informação poderemos ultrapassar quaisquer obstáculos nessa passagem, que envolve o amparo e os cuidados com os nossos entes queridos.

06.
PASSO 2: SUPERAÇÃO

A rotina, para um homem inteligente, é um sinal de ambição.[60]

No passo 2 do Método EPA, trataremos da superação dos traumas, anseios, medos e tabus que fazem com que os pais sejam tão resistentes ao tema sucessão. Essa resistência, muitas vezes, faz com que eles deixem de optar por identificar, exaltar e destacar o que cada um tem de melhor para ensinar os filhos, auxiliando-os na construção do seu presente e futuro.

Como dissemos, os tabus e o medo em relação à morte são inerentes a algumas culturas. No imaginário popular, acredita-se que as culturas latinas sejam bem diferentes da europeia, oriental e norte-americana, que realmente tratam da sucessão mais naturalmente. Aqui no Brasil não costumamos discutir planejamento sucessório em nenhuma esfera, seja em casa, no trabalho ou na escola. Noto que a mídia não costuma abordar o assunto com profundidade, e alguns veículos de comunicação focam o sensacionalismo, o que não facilita discussões mais abrangentes.

Por não conversarmos sobre o tema, acabamos entrando no piloto automático. Se algum ente querido falece e não temos estabelecido nenhum planejamento sucessório, o inventário é a única opção disponível, que conta com altos impostos e a possibilidade de conflito familiar.

---

60 Tradução nossa. Original: *"Routine, in an intelligent man, is a sign of ambition"*. W. H. AUDEN 1907–73: english poet. **Oxford Reference**. Disponível em: https://www.oxfordreference.com/display/10.1093/acref/9780191826719.001.0001/q-o-ro-ed4-00000534?d. Acesso em: 1 mar. 2024.

Geralmente, quando se pensa em sucessão, as pessoas já associam com a morte, então o lado emocional aflora e a briga é certa. É muito mais comum o casal conversar reservadamente (quando existe esse diálogo) e evitar incluir os filhos. Uma pena, pois esse era para ser um momento de demonstrar zelo e preocupação com os filhos e netos, mas, infelizmente, é visto como atestado de óbito.

SOFRES PORQUE QUERES

Os traumas e tabus em relação à morte acabam por criar uma atmosfera de silêncio sobre o assunto. No meio rural, por exemplo, costumam dizer que falar sobre a morte a atrai. Mas se não falarmos dela, não morreremos?

Se não cai uma folha de uma árvore sem que o Pai permita,[61] como é possível adiantar algo que tem seu tempo certo para acontecer? Não seria coerente, não combina. Afinal, que Deus é esse que você idealiza? Quem é esse Deus, essa força superior, que impacta na sua vida e que permite que você feche os olhos para coisas tão importantes? Que depende disso e daquilo? Tão limitado? Não é assim. É limitado pensar isso, porque você imagina um Deus pequeno, um Deus que não tem a soberania que Ele tem, que rege tudo. Não, você tem seu tempo, e seu último dia será quando tiver que ser, nem antes nem depois. Você é eterno e viverá para sempre, mas não na carne. Essa, sim, tem data limite.

Sabe, sinto que **quem já entendeu que é eterno muda a própria trajetória e ampara a todos que cruzam seu caminho**. Meu pai, seu Antonio, costumava dizer uma frase que sempre surge nos

---

61 ALCORÃO. Al An'am 6/59 (6ª Surata, versículo 59). 5 abr. 2022. Disponível em: https://www.islaoealcorao.com/al-anam-6-59/. Acesso em: 18 fev. 2024.

meus pensamentos durante conversas sobre sucessão: "Sofres porque queres". Pois é, talvez você sofra por algo que é inevitável e não há o que possa ser feito sobre isso. Podemos adiar a morte para além dos 120 anos, segundo estudos do Projeto Genoma,[62] mas um dia ela chegará. Simples assim.

Sou muito grato pelos meus três queridos irmãos, o Paulo, o Antonio e o Fred, que sempre estão ao meu lado. Recordo-me de uma das diversas conversas em que aprendi muito, quando tinha 9 anos. Meu irmão mais velho, Fred, com 24 anos na época, reclamava de trabalhar durante toda a madrugada até a tarde e só ter folga a cada quinze dias. Sentia-se explorado, apesar de ter conseguido uma boa função em uma grande empresa aérea onde muitos queriam ingressar. Ele dizia: "Meus amigos estão se arrumando para sair, e eu estou indo para o trabalho. Quando estou quase saindo, aparece o supervisor pedindo para cobrir o plantão do outro, que não veio".

Seu Antonio ouvia todos os lamentos pacientemente. Talvez meu irmão esperasse ouvir dele algo como: "Largue esse emprego, meu filho!", mas ele não dizia nada disso. Depois de escutá-lo, só soltava um: "A vida não é fácil mesmo!". Em outro momento, completou: "Eu fico quarenta dias longe de vocês, distante de quem eu mais amo. Venho pra cá, fico alguns dias e já tenho que retornar. Você pelo menos volta todo dia pra casa e está aqui próximo de todo mundo".

Com uma resposta simples e direta, percebo que seu Antonio refletia a experiência de vida dele; era assim que as coisas aconteciam. Sinto que ele gerou no meu irmão algo como "Não quero isso para

---

62 DIAS, C. 65 anos. Em cada perna. **Superinteressante**, 31 mar. 1999. Disponível em: https://super.abril.com.br/saude/65-anos-em-cada-perna. Acesso em: 17 jan. 2024.

mim". E, sem dizer muito, deixou meu irmão pensando que, se aquela era a realidade, precisava mudá-la. Depois de dois dias sem falar com o pai, foi o que ele fez. A contrariedade disparou nele a vontade de ser empresário, abrir o próprio negócio, e foi o que ele fez, com êxito. Mas se naquele momento meu pai tivesse falado algo como: "Não, meu filho, vai se encontrar com seus amigos!", talvez ele nunca tivesse seguido esse caminho.

Na minha leitura dessa conversa (e de outras), percebi que meu pai estava ensinando como é a vida, que nem sempre são apenas flores, que teremos alguns espinhos de que desviar ou a enfrentar. Haverá dias de sofrimento e injustiça, além dos dias bons e alegres.

Viver a vida da melhor maneira possível, manejando suas adversidades, talvez seja um dos segredos da paz. Como Sigmund Freud dizia,[63] devemos empregar a "educação para a realidade", encarando as coisas tal qual elas se apresentam. Se fosse traduzir essa ideia para o linguajar do meu pai seria o "sofres porque queres".

Basicamente, a ideia é que sempre queremos mais, cada vez mais, o que é inerente ao ser humano (e bastante saudável), mas não conseguimos sentir gratidão por tudo que já temos. É como pensar que, no caso do meu irmão, ele pudesse ter mais gratidão pelo emprego que tinha, pelo pai (que estava ali ouvindo suas lamúrias e orientando do jeito dele), pela saúde, vida, família, por tudo que havia conquistado e conseguido avançar e tantos outros "presentes" que recebeu. Quando começamos a olhar para o lado, dá para entender esse "sofres porque queres".

---

63 LAJONQUIÈRE, L. Sigmund Freud, a educação e as crianças. **Estilos da Clínica**, v. 7, n. 12, p. 112–129, 2002. Disponível em: http://pepsic.bvsalud.org/scielo. php?script=sci_arttext&pid=S1415-71282002000100010. Acesso em: 26 jan. 2024.

Esse seria um estado de contentamento. Mesmo que não esteja tudo perfeito (e talvez nunca esteja), alegre-se, agradecendo o que tem; veja o que consegue fazer para melhorar e simplesmente faça-o!

Por mais que não seja um tema agradável, ele faz parte da "educação para a realidade". Como vimos, devemos ser gratos pelo que temos, mas também devemos preparar nossos filhos e a nós mesmos para quando perdemos a vida, continuando a galgar a escada da conscientização.

SUPERANDO A INÉRCIA

Não se zangue comigo, mas preciso alertar você sobre isso. Sei que não fazer nada, deixar no automático, parece ser mais fácil e econômico, mas não é. Trouxe alguns números, no capítulo 1, que comprovam os males que a inércia pode causar (especialmente para seu bolso). E repito: inventário é inércia. É a representação da inércia.

Mas é interessante entender que esse comodismo é bem mais antigo do que podemos imaginar,[64] e ele está ligado à nossa ancestralidade. No tempo das cavernas, precisávamos preservar nossa energia, economizá-la ao máximo, porque um dia tinha alimento, e no outro, não.

Já ouvi algumas reflexões interessantes que conectavam esse comodismo com a fonte primária do sucesso da maioria das religiões. O mecanismo parece se basear no que é mais cômodo para algumas pessoas, manifestado por uma postura de esperar que alguém (o pastor, o padre, o dirigente etc.) pense por elas e as leve para o que seria melhor para sua felicidade. Só que isso acontece sem que a

---

64 MELLO, E. As ferramentas para ajudar os jovens a saírem do comodismo financeiro. **Estadão**, 11 dez. 2021. Disponível em: https://einvestidor.estadao.com.br/colunas/evandro-mello/jovens-comodismo-financeiro/. Acesso em: 18 fev. 2024.

pessoa processe o conteúdo que recebe, sem julgar se o que está sendo falado é fundamentado na verdade e se os princípios e valores coincidem com o que a pessoa realmente acredita e segue. Então, as multidões são "levadas", sem refletir sobre o que é apresentado. "Alguém sabe o que é bom para mim" parece ser o leme dessa nau.

Acredito piamente que a vida nos provoca para que pensemos, analisemos e reflitamos o tempo todo sobre tudo que acontece, sendo agradável ou não. As lições estão escondidas sob as cenas e entre camadas e mais camadas de acontecimentos e experiências que ocorrem diariamente na nossa vida. Terceirizar essa reflexão, deixar alguém pensar por você, é viver na superfície, no raso e, com isso, perder a enorme oportunidade de evoluir e fazer evoluir, a cada segundo.

Ouço as pessoas dizerem que amam seus filhos, mas poucos têm coragem de mudar e repensar preconceitos e medos. Usam isso até como justificativa para adiar e ignorar o que precisa ser feito e não aceitam nem ouvir falar que estão desamparando aqueles que amam.

Todo esse processo de inconsciência, de preferir não fazer nada e deixar que o barco navegue conforme a maré, gera muito sofrimento. Sou testemunha de inúmeras situações que presencio diariamente. São filhos chorando pela morte dos pais e, em um segundo momento, sofrendo por perceberem que não foram amparados, pois não se considerou isso ou aquilo, providências importantes simplesmente foram ignoradas e esquecidas. Documentos que não são encontrados, imóveis não regularizados, impostos devidos, informações desconhecidas, dívidas, surpresas e mais surpresas quando tentam organizar a confusão que foi deixada pelos patriarcas.

Não fazer nada é uma maneira de desconstruir seu futuro e o daqueles que você quer bem. Porque tudo isso que apresentamos até aqui dá trabalho: "Tenho que correr atrás de documentação, preciso sentar e fazer uma continha para ver tudo que construí, qual é meu real patrimônio, necessito fazer um seguro e/ou uma previdência e para isso tenho que pesquisar; se vou deixar um testamento, preciso estabelecer as prioridades e registrá-las no cartório ou chamar um advogado para me consultar. Se os documentos estão desorganizados, vou comprar algumas pastas e separar tudo, etiquetar e ordenar esses registros, verificar o que falta fazer e acionar as soluções".

Na verdade, tudo isso é o que você já fez a vida inteira, quando precisou resolver algo. Tudo que realizou até aqui é fruto da sua energia e dedicação. Você correu atrás do que era importante e não faltou empenho para se graduar nem para aprender um ofício e conquistar um emprego. Provavelmente teve que estudar até tarde, perguntar muito para quem sabia mais, pesquisar, aplicar-se nas tarefas, talvez trabalhar fora ao mesmo tempo em que estudava, mas seguiu batalhando e foi subindo nas funções. Tudo que era importante para você recebeu sua atenção, e para realizar tudo isso teve que se mover. Não houve inércia. Mesmo que tenha herdado tudo que tem hoje, precisou trabalhar para conservar o patrimônio, e sabe como é difícil mantê-lo.

A maioria dos meus clientes não são herdeiros, mas pessoas que trabalharam duro para construir um patrimônio. Foram muitas noites sem dormir, dias de suor intenso, geadas e secas arruinando as plantações, colheitas perdidas, falência de empresas, mudança de estado, morte de familiares e muita perda patrimonial.

Se na sua lista de coisas importantes estava a família e o patrimônio, como se manter na inércia, abandonando tudo que conquistou até agora? Como delegar para o futuro uma avalanche de questões mal resolvidas que poderiam ter sido solucionadas com uma boa conversa em família e algumas providências?

Sair dessa zona de conforto e vencer a inércia é o meu desafio para você, para que você possa caminhar na direção da superação de todos os seus medos, tabus, anseios ou preconceitos em prol de algo mais importante: seus filhos e netos. Por eles é que estamos fazendo tudo isso!

É importante lembrar que esses tabus estão muito associados com a ausência de qualquer tipo de instrução sobre sucessão, e é exatamente este ponto que estamos trabalhando neste livro. O método traz todas as informações para que você possa decidir o que é melhor e seguir em frente. Assim, terei alcançado meu objetivo de levar conhecimento para salvaguardar e proteger as próximas gerações (de pessoas e de empresas também).

LEGADO NÃO É SÓ PATRIMÔNIO MATERIAL

Superação envolve ação. É preciso se mover, sair de onde está e até se perguntar: o que ganho com essa superação? Para responder a essa questão, recorro novamente ao meu pai, que não deixou patrimônio, nem bens ou dinheiro, muito pelo contrário, tivemos despesas e dívidas que apareceram depois. Seu legado foi realmente imaterial, pois são as frases que ele me falou e que ainda ecoam e acabam surgindo na hora que mais preciso. Mas se ele tivesse deixado bilhões, e eu não herdasse esse patrimônio que está dentro de mim, esse dinheiro não valeria de nada ou eu talvez nem soubesse como lidar com ele.

Mesmo diante de muita limitação, meu pai não economizou amor e tempo e compartilhou tudo que sabia, especialmente nos últimos anos. Seus avisos e alertas nos obrigavam a acordar para algumas lições até duras, mas reais e que aconteceram dezenas de vezes depois de sua morte. É como se ele tivesse me presenteado com uma caixa de ferramentas bem recheada para ser usada em qualquer situação. Ou ainda um escudo, como o daqueles guerreiros de antigamente.

Sabe, no meu dia a dia, presencio muitos momentos de superação e vejo pessoas que se parecem com heróis dos tempos modernos, que vencem um dragão, depois um monstro, outro monstro e termina o dia com a satisfação do dever cumprido. Cada monstro desses é um trauma, um medo, obstáculos a serem ultrapassados.

A meu ver, medo é escuridão, assim como tabu, ansiedades, traumas. É falta de luz. Então, o antídoto é a luz. E entendo como luz as soluções para cada coisa que precisamos resolver. Como se fosse aquela "lâmpada" que acende quando temos uma boa ideia. Estou convicto de que sempre há saída, por isso a busco em cada contexto.

Sei que todo trabalho tem um foco material, porque ganhamos com nosso ofício, alimentamos nossa família com esses valores e damos as melhores condições que podemos para elas. Mas sei que podemos ir muito além nas relações humanas. Se vou levar dessa vida apenas o imaterial, preciso me dedicar a construir esse legado invisível, que é o que vai ficar realmente. Meus amigos de Minas Gerais costumam dizer que caixão não tem gaveta, então vamos repensar essa fixação na matéria e acionar a verdadeira herança.

Sinto que essa superação é a do aspecto material também. Aquele avô, que mencionei no início do livro, que se perguntou o que era mais importante – os bilhões ou o almoço com as filhas e netas – nos mostra que há muito que precisamos ressignificar.

É disso que falo. Meu pai não deixou nada de patrimônio, mas deixou tudo em amor. E esse legado é ouro puro, mas que não dá para depositar no banco. É ouro dentro de mim e talvez seja dentro de você também, quando se lembra do legado que recebeu de alguém especial.

Sabe, o que lembro não são as broncas que meu pai me deu, um carro ou algum bem móvel que não ganhei ou talvez a viagem para a Disneylândia que jamais aconteceu. Hoje, o que eu queria mesmo era poder almoçar mais uma vez com ele, ouvir sua risada, seus resmungos e tentar entender melhor algumas ideias dele que ainda me intrigam. Queria mesmo só mais um: "Meu amor, vai dar tudo certo!" ou um "Vai com Deus, meu amor!".

A ideia de vencer-se estava inserida dentro de cada frase colocada pelo seu Antonio, até de maneira descompromissada, como se não fosse tão importante assim. E mesmo monossilábico, com bem poucas palavras, ele defendia a ideia de que a família ficava mais forte quando vencia uma dificuldade. Seus ensinamentos mostravam que ninguém obtém resultados sem superar algum ponto dentro de si mesmo. Se não fosse assim, ainda estaríamos nas cavernas, com medo de enfrentar as inúmeras adversidades que existem.

Na superação, eu me venço e avanço sobre as adversidades porque me movo e domino a inércia, que me faz parar e esperar. Nesse processo, existe uma boa dose de coragem, de se recusar a aceitar que não há mais nada a ser feito. Este capítulo quer provocar você para esse passo adiante, vencendo os medos, os traumas. Qual é o medo? Você tem que vencê-lo! Se for o medo da morte, você já sabe que ela é inevitável. Se for o trauma que seu pai não deixou nada para você, lembre-se de que pode construir e deixar para seus descendentes. Você pode mudar daqui para frente, a partir de si mesmo.

FAZER O QUE É CERTO

Tenho uma certeza dentro de mim: fazer o que precisa ser feito gera paz e o sentimento de dever cumprido. Talvez você concorde comigo.

Nesse trabalho que faço, testemunho situações bem adversas que refletem o peso das escolhas na nossa vida. O que você elege fazer ou não fazer define os próximos passos da sua caminhada.

Se o que importa é fazer o certo, e o certo é não desamparar quem vem depois de você, é isso que deve fazer. Seu filho pode ser adulto, mas se você é pai ou mãe, é natural que queira ajudá-lo, porque é seu papel cuidar dele e ampará-lo para que possa seguir sozinho.

Mesmo que você não seja pai ou mãe, talvez possa cuidar de alguém que precise, o que não falta é gente para ser ajudada. Ou ainda cuidar de uma ideia. Se você apoia uma instituição, poderá amparar esse trabalho, dando continuidade a ele. Você doa para uma causa, investindo naquele projeto, para que sigam ajudando idosos, crianças, pessoas em situação de vulnerabilidade social, ou ainda, organizações que cuidam dos animais sem lar. Pode também apoiar essas incubadoras de novos empreendedores, uma startup que defende alguma causa com a qual você se conecta ou outros projetos inovadores que você realmente quer que prossigam com o que está sendo desenvolvido.

Fazer o que é certo é a própria vida. Ela só tem sentido a partir do momento que conseguimos compartilhar com alguém alguma coisa. A partir do momento que guardamos tudo que construímos e não compartilhamos, a vida passa a ser muito vazia, solitária e difícil.

Divido todo esse conhecimento aqui porque sei que poderá ajudar muitas pessoas. Claro, existe um ganho financeiro, mas o ganho ético é muito superior. Sei que ajudarei os colegas de profissão a dar suporte para seus clientes. Sei que transformo vidas quando aplico o que aprendi em cada caso que me aparece. Vejo os resultados em harmonia familiar, tranquilidade financeira e em empresas funcionando como nunca, amparando e gerando renda a muitos colaboradores, com suas famílias e suas tantas histórias!

Talvez esse conhecimento seja usado apenas para o ganho material, mas quero acreditar que podemos ir além e cuidar da união da família, da sucessão das empresas, para que se mantenham saudáveis e continuem a gerar benefícios para as pessoas.

Se conseguirmos ir além da matéria, se pudermos ajudar os outros e também a nós mesmos, seremos realmente humanos. Porque os bilhões não farão diferença nenhuma se não tiver seus amores ao seu lado, para que desfrutem com você todas as condições que se empenhou tanto para construir.

Quando você cuida do seu patrimônio, seja ele muitas empresas ou uma lojinha, também cuida das pessoas que trabalham com você. Podem ser dois funcionários, 200 ou 20 mil, seu empreendimento ainda está possibilitando que a família dessas pessoas tenha uma oportunidade de vida digna. Então, se você já faz o que é certo, vai se perguntar: como é que amparo toda essa gente?

E o que dizer daqueles que ajudam você no dia a dia? Pergunte-se: como posso cuidar do Paulo, que está sempre no apoio dos negócios, ou o meu irmão, que deixou a faculdade para me dar suporte nas tarefas da fazenda? Como eles poderão dar prosseguimento ao que criei?

Pode ser que, em um primeiro momento, você diga algo como: "Vou ficar aqui, amparando e ensinando, para que aprendam tudo que precisa ser aprendido. Mas também vou cuidar do futuro deles por gratidão a tudo que fizeram por mim e por tudo que foi desenvolvido aqui".

A vida gira essa engrenagem de continuidade, sabe? E os negócios e o patrimônio também, sejam eles tangíveis ou intangíveis, muito ou pouco, não importa. Temos que nos preocupar em preparar nossos filhos, talvez com um pouco mais de exigência, para que eles possam errar, mas em um ambiente seguro, porque você estará lá para ajustar, treinar e inspirar. Quando não estiver aqui, a lição já terá sido colocada, e o aprendizado será reproduzido naturalmente, usando os referenciais que foram deixados. Assim, nós os preparamos para o mundo e para as dificuldades que certamente virão.

AGRADEÇO E SIGO

Tenho o hábito de agradecer cada passo, cada alimento, cada abraço. Sei que há sempre algo para ser renovado, e mudar é um exercício constante. Gosto de pensar que somos a nossa versão inédita, todas as manhãs, porque cada dia reserva seus próprios segredos.

Quando me sinto acomodado em algum ponto, provoco alguma reciclagem, porque sei que preciso me mover sempre. Digo que agradeço e sigo. Mesmo que não esteja ainda no mundo ideal, que não seja da maneira que sonhei, agradeço e sigo, em constante transformação. Assim me supero a cada dia. Superar é preciso. Encontro uma resiliência constante para continuar firme e, mais do que isso, cada vez melhor, cada vez mais forte, como um antifrágil.

Você deve ter percebido que não estamos falando de holding, mas de vida. Essa superação da inércia é o que você faz todas as manhãs para sair da cama quentinha, quando escolhe entre ficar nos braços da sua amada ou resolver um problema na plantação; para enfrentar aquele trânsito danado quando poderia trabalhar em home office; para quando precisa se relacionar com alguém muito difícil sendo que gostaria de ter apenas uma conversa pacífica. Fique tranquilo, você saberá o que fazer.

EXERCÍCIO DE SUPERAÇÃO

Convido você para que escreva, na lista a seguir, as cinco principais habilidades ou características que gostaria de transmitir ou ensinar para seu filho e que o ajudariam bastante a enfrentar os problemas de hoje em diante:

QUAIS SÃO AS CINCO HABILIDADES QUE VOCÊ GOSTARIA DE ENSINAR A SEUS FILHOS?
1-
2-
3-
4-
5-

Seguimos um pouco mais na nossa jornada, agora a caminho do passo 3 do Método EPA, que é a Organização, porque só assim poderemos acionar o que precisa ser resolvido e ordenado para a sucessão do seu patrimônio, da melhor maneira possível. Vamos lá!

QUEM JÁ ENTENDEU QUE É ETERNO MUDA A PRÓPRIA TRAJETÓRIA E AMPARA A TODOS QUE CRUZAM SEU CAMINHO.

@HOLDINGFAMILIAR

07.

PASSO 3:
ORGANIZAÇÃO

Se você for educado e simpático, as pessoas ficam dóceis e obedientes. Assim, a polidez faz com a natureza humana o mesmo que o calor faz com a cera.[65]

Chegou a hora de organizar tudo! Fazer um levantamento completo do que você conquistou ao longo da sua vida: patrimônio (bens móveis e imóveis, investimentos, semoventes[66]), participações societárias, conhecimento, relacionamentos importantes, experiências, composição da família (cônjuge, pais, filhos, netos) e o negócio que desenvolve como atividade profissional.

Quando conseguir organizar o que possui, você vai enxergar melhor seu patrimônio como um todo, dividi-lo em categorias e pensar nas prioridades. É como se você estivesse fazendo um mapeamento de todos os elementos em um lugar só, uma limpeza mesmo, arrumando, ordenando e descartando o que não tem nenhuma importância. Ao organizar tudo isso, você vai melhorar seu entendimento da situação atual e facilitar para os que vêm depois de você. É como abrir todas as janelas e dar uma arejada em casa durante uma boa faxina. A meu ver, isso é bondade!

O movimento seguinte é informar as pessoas mais próximas onde está toda essa documentação, junto com o cartão do seu advogado, ligar para o contador, enquanto você se prepara para dar os

---

65 SCHOPENHAUER, A. Section 36: politeness – which the Chinese hold to be a cardinal. *In*: SCHOPENHAUER, A. **Counsels and maxims from the essays of Arthur Schopenhauer**. EUA: Beyond Books Hub, 2021.
66 São os bens constituídos por animais selvagens, domesticados ou domésticos. Veja mais em: BENS semoventes. **Conselho Nacional do Ministério Público**, 2015. Disponível em: https://www.cnmp.mp.br/portal/institucional/476-glossario/8217-bens-semoventes. Acesso em: 26 jan. 2024.

próximos passos no planejamento sucessório. Se acontecer alguma coisa com você, os mais próximos já sabem onde estão os dados mais importantes e os documentos.

SEPARANDO POR CATEGORIAS

Antes de começarmos o processo de organização propriamente dito, é essencial entender as categorias que nortearão o trabalho. Costumo dividir a sucessão em três frentes: a sucessão patrimonial, a de gestão e a de responsabilidades. Vamos entender melhor cada uma delas.

Tipos de sucessão

1. **Sucessão patrimonial**: o primeiro pilar trata da passagem do patrimônio material (bens móveis, bens imóveis, participações societárias, investimentos) para os sucessores, o que pode ocorrer por meio da holding familiar, da doação via escritura pública e do inventário.

2. **Sucessão da gestão**: o segundo pilar refere-se à passagem do bastão no controle e administração das empresas ou negócios familiares, tanto urbanos quanto rurais, nos quais muitas vezes os filhos trabalham junto com os pais. Não se trata apenas do imóvel pura e simplesmente, mas de gerenciar esse empreendimento. Imagine uma fazenda em que todos trabalham, da qual dependem financeiramente. A renda da família provém desse negócio familiar, que pode estar conectado a outras atividades de produção de alimentos, fornecimento de insumos, fertilizantes etc. Como comentamos, muitos fundadores podem ter resistência em passar a gestão para a próxima geração, pois estão preocupados com a possibilidade de os filhos não saberem assumir o comando financeiro e não estarem preparados para

agir nas diversas frentes de trabalho. Mas é importante que se coloque a necessidade do planejamento sucessório, até para que a empresa tenha êxito e garanta sua continuidade. Outro ponto é o possível desinteresse dos herdeiros em assumirem o comando. No entanto, outros modelos de gestão podem ser alinhados para uma composição eficiente, profissionalizando-se essa sucessão. Aqui o foco é o sucessor, não o herdeiro.

3. **Sucessão das responsabilidades**: o terceiro pilar aborda a organização de uma série de responsabilidades que contemplam o núcleo familiar e os negócios executados por ele. Imagine que seu filho mais velho vai ajudar no apoio da família, caso você falte, responsabilizando-se pelos irmãos menores, por exemplo, ou pelos irmãos que são de um segundo casamento. Outra opção seria nomear um curador especial, que pode ser um amigo ou parente, que cuide dos filhos na ausência dos pais. Além disso, temos outras esferas, como a responsabilidade societária, social, digital, ambiental, trabalhista, fundiária, contratual, bancária e parceiros. É preciso designar os responsáveis em cada uma dessas atribuições.

TIPOS DE SUCESSÃO	
Sucessão patrimonial	Patrimônio material (bens móveis, imóveis, investimentos, participações societárias).
Sucessão da gestão	Gerenciamento de empresas ou negócios familiares, urbanos ou rurais (sucessor).
Sucessão das responsabilidades	Atribuições das responsabilidades familiares e dos negócios.

COMEÇANDO PELO BÁSICO

Esta é a etapa zero da organização, a hora de realmente colocarmos a mão na massa. Parece bem elementar, mas sugiro que compre algumas pastas coloridas (pelo menos cinco cores) e etiquetas, para que possa separar os documentos por categorias – patrimônio, família e gestão – que se relacionam aos tipos de sucessão que expliquei anteriormente. Você precisará separar toda a documentação nessas três modalidades, mais uma para os bens que precisam ser regularizados e uma quinta, quando tiver dúvida de onde colocar aquele registro. Mais adiante, você poderá refinar melhor essa ordenação.

Meu pai gostava de dizer algo bem peculiar: "Qual é o tamanho do bicho?". É como vejo essa fase de organização. Vamos dimensionar o patrimônio e verificar quanta complexidade apresenta a ordenação de todos os elementos do seu núcleo familiar e empresarial.

Com o checklist que disponibilizo a seguir, ficará mais fácil entender os componentes que precisam ser considerados e desenvolver uma ideia de como você poderá fazer uma análise dos **ativos e passivos.**[67] Os ativos são os bens, como o dinheiro em caixa, móveis e imóveis, maquinários, estoque de mercadorias e os valores a receber de contratos em curso, por exemplo. Os passivos são as responsabilidades judiciais, os débitos, as obrigações, como despesas assumidas pela empresa para fornecedores ou para o governo, por exemplo.

Vamos imaginar que tenho como ativo um imóvel onde moramos e mais uma casa de praia, que é o nosso lazer. Em outro caso, temos vinte imóveis com receitas locatícias, mais duas fazendas que geram renda para a família por conta da operacionalização da venda de

---

67 PEREIRA, L. Ativo e passivo. **Dicionário Financeiro**, 24 nov. 2017. Disponível em: https://www.dicionariofinanceiro.com/ativo-e-passivo/. Acesso em 28 jan. 2023.

gado. Por fim, em outro exemplo, temos um carro e um dinheirinho na poupança e aplicação. Todos esses são os ativos.

Outra situação seria a de uma pessoa que não tem bens imóveis, pois gosta de viver de aluguel, mas tem rendimentos que lhe geram uma boa qualidade de vida. Esses também são ativos. É necessário considerar todos esses detalhes, independentemente do cenário no qual se está envolvido.

Chegou a hora de documentar tudo minimamente, da maneira que for mais fácil administrar. Por exemplo, dispor uma pasta somente para os imóveis quitados, outra para imóveis em financiamento (que ainda está pagando), outra para as fazendas, reunindo todas as escrituras, matrículas, separando as últimas declarações de imposto de renda etc.

Lembro de um exemplo de dinâmica em organização bastante interessante (a meu ver, ideal), de um cliente que tem quatro filhos. Quando ele viaja com a esposa, costuma avisar o filho mais velho, que tem 9 anos: "Você é um rapazinho, está entendendo por que é o maior de todos, não é? Então, se acontecer qualquer coisa com o papai e a mamãe, quero que pegue essa pasta aqui e a abra. O primeiro contato é do tio João, e o outro é do advogado. Pode ligar para eles, porque são pessoas de extrema confiança da família". Esse filho já tem uma noção mínima da importância do trabalho, e os pais fazem isso desde que ele tinha 6 ou 7 anos.

Bonito de ver! Sinto que isso é amor. Educar para a realidade das coisas, preparando para a vida e, se os pais faltarem, os filhos saberão minimamente o que fazer. Quando esse menino crescer mais, fizer 13 ou 14 anos, vai entender o que é aquele patrimônio, pode talvez começar a trabalhar com o pai para aprender a noção de preço, de custo de manutenção daquela fazenda. Já pode começar a entrar

PASSO 3: ORGANIZAÇÃO **137**

na prática dos negócios da família, tendo noção de que existe um patrimônio familiar que pode ser vendido ou trabalhado, mas que exige um custo financeiro, de responsabilidades, que há funcionários ali dentro, um crédito de um banco ou instituição financeira que precisa ser adimplido. Então tem patrimônio ativo, mas também tem o passivo e as suas responsabilidades. É justamente o tamanho do bicho.

Então, nessa hora de organizar, é importante verificar se há **débito judicial** e pesquisar qual é a situação desse processo. E algumas perguntas precisam ser feitas:

- O que faço com esse débito que está em andamento via administrativa ou na justiça? Cabe algum tipo de recurso?
- Existe possibilidade de êxito ou as chances são remotas?
- Será que esse débito pode contaminar todo meu patrimônio ou uma parte dele?
- Posso fazer um planejamento sucessório, mesmo com essa dívida?

Vamos imaginar que esse débito judicial seja de 5 milhões de reais, mas você tem um patrimônio de 50 milhões de reais. O recomendado é que se separe do patrimônio 7 ou 8 milhões, deixando a quantia fora do planejamento. Em caso de uma execução fiscal futura, por exemplo, pode-se apresentar uma proposta (com avaliação de profissionais e/ou imobiliárias) para a Procuradoria da Fazenda, explicando a existência de um planejamento sucessório, mas um dos imóveis não será incluído no processo porque poderá quitar tranquilamente essa dívida, sendo colocado como garantia. Os outros 40 milhões de reais do patrimônio estão dentro de um planejamento sucessório. Não há nenhum mecanismo ilícito nessa proposta. Mais adiante, caso vença a causa, o imóvel será devolvido ao patrimônio, integrando a holding. Caso perca, será colocado para venda ou leilão para pagar a dívida de maneira lícita, quitando-a e encerrando o processo.

Você vai ver que ordenar a documentação poderá ser muito útil até para você pagar toda a regularização dos imóveis e o planejamento sucessório. Tenho um cliente que, quando fez essa organização, encontrou um terreno muito antigo de outro estado que nem recordava. Com a venda do terreno, acabou pagando boa parte do sistema de holding.

Tenho certeza de que essa organização afetará tudo: sua vida, sua casa, seu patrimônio e também suas ideias, o que vai reverberar na comunicação, que é a próxima etapa do Método EPA. Essa limpeza realmente tira de debaixo do tapete tudo o que você guardou e nem lembrava mais.

E embaixo do tapete tem o quê? Tem imposto sem pagar, imóvel que não está regularizado, filho fora do casamento que ficou descoberto, dívidas, dúvidas, mentiras, total ausência de transparência, falta de diálogo, de cuidado. É bom considerar tudo isso na hora dessa arrumação geral.

Estudos[68] apontam que guardar sentimentos, ocultar situações, questões a serem resolvidas geram medo e ansiedade em relação a algum assunto, causando, inclusive, enfermidades. E como pode ser libertador enfrentar o que está escondido, assumir as responsabilidades e fazer o que é certo! Certa vez, um ser muito especial disse: "A

---

68 Estudo mostra que acolher as emoções negativas pode te deixar mais feliz no longo prazo. **Pequenas Empresas, Grandes Negócios**, 7 jul. 2021. Disponível em: https://revistapegn.globo.com/Administracao-de-empresas/noticia/2021/07/estudo-mostra-que-acolher-emocoes-negativas-pode-te-deixar-mais-feliz-no-longo-prazo.html. Acesso em: 18 fev. 2024.

verdade vos libertará!".[69] Entendo que essa verdade é o conhecimento, encarando seus medos e acreditando em algo maior. Acredito nessa recomendação e a sigo.

EMPRESA FAMILIAR

Fundada geralmente pelo patriarca, com o objetivo maior de suprir uma necessidade financeira, a empresa de perfil familiar representa mais de 90% dos negócios no Brasil.[70] Pesquisas[71] mostram que 45% delas não têm um plano de sucessão e, infelizmente, 95% dessas empresas são extintas no processo de sucessão para a segunda ou terceira geração.

Acredito que o fenômeno ocorra especialmente em virtude da ausência de um planejamento sucessório bem estruturado. Estabelecer uma holding familiar exige expertise técnica avançada do profissional ou da equipe que vai trabalhar em conjunto, além de haver a necessidade de uma visão global sobre os negócios, a família e a gestão da continuidade desse legado. Por isso, tenho me dedicado à capacitação de advogados e contadores nos meus cursos (especialmente o Ruralegacy e a mentoria Construtores de Legado), bem como à orientação de empresários, produtores rurais e de sua família, seja no meu escritório, seja na empresa ou fazenda daqueles.

---

69 BÍBLIA, N.T. João. **Almeida Corrigida Fiel**. Disponível em: https://www.bibliaonline.com.br/acf/jo/8/31-36. Acesso em: 18 fev. 2024.
70 ABREU, V. Os desafios da empresa familiar: gestão e sucessão. **Sebrae**, 19 dez. 2016. Disponível em: https://sebrae.com.br/sites/PortalSebrae/ufs/pe/artigos/os-desafios-da-empresa-familiar-gestao-e-sucessao,fae9eabb60719510VgnV-CM1000004c00210aRCRD. Acesso em: 31 jan. 2024.
71 RICCA, D. 95% das empresas familiares são extintas no processo de sucessão à segunda ou terceira geração. **Sincor AM-RR**, 2 maio 2016. Disponível em: https://www.sincor-am.org.br/noticia/95-das-empresas-familiares-sao-extintas-no-processo-de-sucessao-segunda-ou-terceira-geracao/. Acesso em 31 jan. 2024.

Segundo Mamede,[72] a holding familiar não é um tipo específico, mas uma contextualização específica. O que a diferencia é seu enquadramento no seio familiar e o fato de servir como ferramenta de planejamento para seus membros, podendo ser constituída sob a forma de uma holding pura, mista, de administração, de organização ou mesmo patrimonial.

Na prática, é um mecanismo de planejamento sucessório no qual uma pessoa jurídica (uma empresa) realiza a sucessão (por meio da cessão não onerosa e/ou onerosa) das quotas dos pais para os filhos. Podem ser imóveis rurais e/ou urbanos, bem como diversos outros bens móveis, semoventes ou participações societárias.

A holding, enfim, se apresenta como uma empresa familiar (sociedade limitada ou sociedade por ações), criada na junta comercial do seu estado e que terá o patrimônio (propriedades urbanas ou rurais) alocado para dentro desta empresa, por meio do procedimento denominado integralização de bens imóveis. Da mesma maneira, os bens imóveis da pessoa física são abarcados pela holding, reunindo a totalidade do patrimônio e protegendo-o com esta medida, pois estarão sob os critérios estabelecidos pelo patriarca ou matriarca, agora usufrutuários que exploram os poderes políticos, logo, com poderes de administração e de voto. A holding familiar rural (ou uma agropecuária que trabalhe um formato de sucessão) funciona seguindo o mesmo procedimento, englobando as propriedades e/ou empresas rurais, incluindo as que já estejam estabelecidas. Seus impactos operacionais, contratuais e tributários também precisam ser analisados por profissionais qualificados.

Ao longo do processo de criação da holding familiar, normalmente se faz necessário analisar uma série de estratégias e planejamentos, como

---

72 MAMEDE, G.; MAMEDE, E. C. **Planejamento sucessório**: introdução à arquitetura estratégica – patrimonial e empresarial – com vistas à sucessão *causa mortis*. São Paulo: Atlas, 2015, p. 12.

o planejamento societário, sucessório, contratual, imobiliário, familiar e tributário. Principalmente por se tratar de um instrumento dinâmico, que reflete as mudanças do próprio núcleo familiar, como nascimentos, falecimentos, separações conjugais, separações dos sócios etc.

Para facilitar o entendimento e a visão da holding como uma unidade empresarial, recorro ao Modelo dos Três Círculos[73] do Sistema de Empresas Familiares, criado por Renato Tagiuri e John Davis, na Harvard Business School (HBS), em 1978, que mostra três grupos interdependentes e sobrepostos – família, propriedade e empresa:

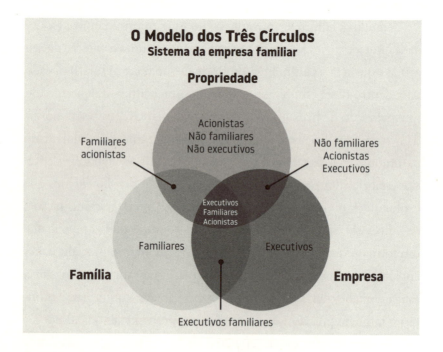

---

73 COMO o modelo de Três Círculos mudou a forma de entender a empresa familiar. **Cambridge Family Enterprise Group**, 2018. Disponível em: https://cfeg.com.br/como-o-modelo-de-tres-circulos-mudou-a-forma-de-entender-a-empresa-familiar/. Acesso em: 29 jan. 2024.

É interessante conhecer alguns dos bens que podem ser integralizados numa holding, além dos valores financeiros:

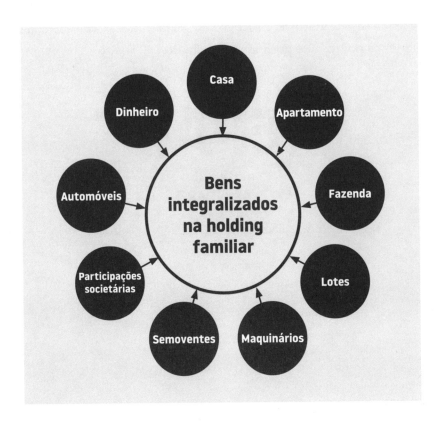

EXERCÍCIO DE ORGANIZAÇÃO

Chegou o momento de separar toda a documentação dentro das categorias, conforme o checklist da página 92, para a criação da sua holding familiar. Com estes documentos em mãos, será possível iniciar o processo de planejamento sucessório pelo sistema de holding familiar.

Com toda a documentação organizada ou em vias de ser ordenada, podemos continuar nossa jornada a caminho do passo 4 do Método EPA, que é a Comunicação: um pilar essencial para que você consiga desenvolver a sucessão do seu patrimônio, considerando todos os pontos que precisam ser incluídos.

QUANDO CONSEGUIR ORGANIZAR O QUE POSSUI, VOCÊ VAI ENXERGAR MELHOR SEU PATRIMÔNIO COMO UM TODO, DIVIDI-LO EM CATEGORIAS E PENSAR NAS PRIORIDADES.

@HOLDINGFAMILIAR

08.

PASSO 4: COMUNICAÇÃO

Todos possuímos fraquezas óbvias e devemos transformá-las em enormes vantagens competitivas.

magino que durante a leitura dos capítulos anteriores você tenha passado por um processo muito profundo, repensando tabus, traumas e questões internas sobre a finitude, que são naturais a qualquer ser humano. Assim como aconteceu comigo, com o falecimento do meu pai, pois tive que ressignificar muito desde aquele dia.

A partir daí, talvez você esteja mais consciente da importância de organizar a sucessão na prática, começando a colocar ordem em toda a documentação, nos registros das propriedades e já tomando providências para regularizar tudo que precisa. Você já sabe o que tem que fazer em relação à sucessão, então agora é hora do *como* fazer.

Chegou a hora de comunicar internamente para quem você quer deixar seu patrimônio e o que pretende disponibilizar para cada um, em relação aos bens e à administração dos negócios da família. Estamos tratando aqui de preparar a sucessão patrimonial, a gestão e as responsabilidades, para que, resolvido isso, você passe a focar o legado que realmente importa, que é o imaterial e a continuidade das próximas gerações.

Teremos os encontros com os familiares, advogado e contador para colocar todas essas definições no papel, identificando os membros da família e o que caberia a cada um. Dessa maneira, você poderá criar seu genograma familiar e patrimonial, que será o início do planejamento sucessório.

CONVERSANDO SOBRE O INTANGÍVEL

Dedico essa pausa para sugerir a você que crie momentos para conversas mais profundas com seus filhos, para estabelecer um contato mais próximo antes de partir para a sucessão propriamente dita. Trago aqui a ideia do meu pai, seu Antonio, que pouco falava do patrimônio, até porque não tínhamos. Lembro que ele gostava de conversar sobre o intangível, o que não pode ser medido nem pesado, só sentido. Ele costumava nos perguntar o que havíamos assimilado das orientações que dava, das coisas que falava. É como se ele estivesse fazendo uma auditoria do legado que havia construído até então. E vejo que todos os seus quatro filhos conseguiram absorver as lições, refletir sobre as possibilidades e aplicá-las, da maneira que puderam, nas suas trajetórias.

Sabe, em algum momento da vida nós acabamos encaixando as informações e as dicas do papai (algumas bem diferentes e avançadas demais para a época, mas sempre úteis). No momento em que ele nos orientou, nem sempre entendíamos bem, mas, com o passar do tempo e das experiências vividas, foram fazendo mais sentido e se mostraram importantes para o nosso desenvolvimento pessoal e profissional.

Essa percepção tem a ver com esse momento de estabelecermos a comunicação com os familiares, para quem tem muito ou pouco patrimônio, porque isso faz parte da experiência do conhecimento, do legado como um todo. A meu ver, o real legado.

POR ONDE COMEÇO, FELIPE?

Tudo é comunicação. Quando você fala ou não, está compartilhando o que sente ou deseja. Quando e como você acolhe ou não seus filhos, isso demonstra o que você pensa e suas emoções. Sei que, muitas vezes, há certa resistência em lidar com determinados assuntos, como a sucessão, mas é preciso colocar o que realmente importa acima de todos os temores e anseios. É preciso seguir em frente.

Todo o processo de planejamento sucessório começa com o fundador, patriarca/matriarca, pai/mãe, que precisa ter vontade de acionar a sucessão, envolvendo a todos. Tudo começa com você. Lembra daquela figura, do capítulo 1, sobre as gerações? Infelizmente, essa é a realidade brasileira – a trilogia pai rico, filho nobre e neto pobre –, e isso ocorre exatamente por falta de comunicação e providências para a sucessão, o que resulta em descontinuidade.

Então, se o fundador entrar na crise de sucessão e não fizer a passagem do bastão para os filhos, acaba disparando o conflito entre os irmãos, o que acarreta a dilapidação do patrimônio e a desunião entre todos. Os netos sentirão as consequências, pois não receberão nada do que foi construído pelos avós. É por isso que, como vimos, 95% das empresas quebram no processo de sucessão quando chegam na terceira geração.

Mas você pode me perguntar: "Como tudo começa, Felipe?". E respondo: quando o(a) fundador(a) rompe esse círculo vicioso e tem coragem para mudar. A partir disso, o cenário se transforma completamente.

HOLDING É PARA MIM?

Chegou o momento de consultar um advogado (recomenda-se que você esteja acompanhado do seu contador) especialista em planejamento sucessório. Ele fará uma avaliação do seu caso – baseado no patrimônio atual, após a organização da documentação – para saber se a holding pode ser aplicada, ou então encontrar a melhor opção e os instrumentos mais adequados.

Nesse momento, é importante que as partes assinem um termo de confidencialidade e sigilo, para que haja segurança e proteção em todas as informações e documentações que forem entregues pela família.

Você já tem muitos elementos para poder julgar qual seria o melhor caminho no seu caso, com as informações que recebeu. Aqui, vou detalhar um pouco mais o melhor perfil para optar pelo sistema de holding e facilitar a análise do seu caso.

Vamos imaginar que você só tenha um filho e seu patrimônio seja apenas um bem imóvel, sendo que a diferença entre o valor declarado no seu imposto de renda e o valor de mercado de venda deste imóvel não seja tão grande. Vai depender de vários fatores. Por exemplo, considerando apenas o aspecto financeiro do seu patrimônio: se este imóvel foi comprado por 1 milhão de reais, e o valor de venda dessa propriedade seja atualmente de 1,2 milhão de reais, isto é, se a valorização for de até uns 25%, pode ser que, nesse perfil, um testamento ou a doação via escritura pública, com reserva de usufruto, sejam boas soluções nesse momento.

Em outro caso, o cliente tem um patrimônio de aproximadamente 10 milhões de reais, e ele vale também 10 milhões de reais no mercado atualmente (ou até 13 milhões de reais); nesse formato, talvez não valha a pena fazer a holding, considerando apenas o pilar financeiro. Pense na possibilidade de fazer uma doação via escritura pública. Caso não queira criar um condomínio de irmãos, na opção de doação via escritura pública, porque sente que pode gerar um conflito mais adiante, independentemente da vantagem financeira, recomenda-se que escolha o benefício da paz familiar e da melhor organização, já alinhando a partilha em uma holding.

Um outro exemplo é um cliente meu que tem seis filhos. Os seis irmãos acabaram se distanciando com o passar do tempo, três deles optaram por conduzir a rede de distribuição de peças para motos, carros e caminhões, e os outros três trabalham com as fazendas e a agropecuária da família. Podemos criar estruturas societárias já direcionando o caminho sucessório familiar, respeitando a legislação quanto ao percentual do quinhão de cada um.

Para se ter um parâmetro aproximado, posso dizer que a holding costuma ser mais interessante para patrimônios acima de 5 milhões de reais (cerca de 1 milhão de dólares[74]). No entanto, é importante deixar bem claro que existem diversos componentes muito particulares a serem avaliados, e cada caso precisa ser analisado nas suas especificidades.

No mais, a holding tem um papel pacificador também – além do aspecto financeiro, com as vantagens tributárias, e do aspecto direcionador, com proteção patrimonial, organização da gestão e responsabilidades –, o que pode ser benéfico em inúmeros cenários, pois está dentro de uma estrutura societária, na qual temos mais liberdade de ação e podemos fazer ajustes constantes, se houver necessidade.

O comparativo se baseia na seguinte premissa: os inventários possuem uma base de cálculo elevada – valor venal que pode ser o valor de mercado dos bens imóveis –, e não sobre o que está na sua declaração de imposto de renda. Se um imóvel está declarado por 500 mil reais, com valores de 1992, e hoje vale 5 milhões de reais, a base de cálculo será sobre os 5 milhões, no caso do inventário. E na holding, existem mecanismos e estratégias legais e lícitos para reduzir

---

74 Cotação. **Banco Central do Brasil,** 2024. Disponível em: https://www.bcb. gov.br/. Acesso em: 18 fev. 2024.

a base de cálculo, como em alguns casos próximos aos 500 mil reais (após análise do balanço patrimonial contábil, por exemplo). Nesse caso, se o patrimônio total fosse de 5 milhões, a holding seria indicada, porque a diferença é muito grande. Na parte financeira, quando tenho um ganho de capital elevado sobre o imóvel, a holding faz mais sentido e haverá ganhos significativos na redução da tributação.

Mas se você já tem uma empresa, se é um médio empresário ou produtor rural, tem patrimônio que está valorizando cada vez mais, a holding não é só uma opção, mas um instrumento obrigatório, visando seus pilares principais: planejamento sucessório (sucessão patrimonial, da gestão e das responsabilidades), proteção patrimonial e estratégias tributárias (planejamento tributário e impactos nos contratos), nas quais temos os impostos que incidirão de maneira bem mais vantajosa do que no inventário e outras opções. Vamos aprofundar mais nesses benefícios da holding no capítulo 9.

Acessando o QR Code a seguir, você terá acesso a um vídeo no qual desenvolvo melhor como saber se a holding familiar pode ser aplicada ao seu caso.

Vídeo 3 – Holding é pra mim?
Aponte a câmera para o QR CODE para acessar o conteúdo:

https://estevesholding.com.br/holding-para-mim/

PREPARANDO-SE PARA A CONVERSA COM OS FILHOS

Muitos pais me procuram e dizem que nunca tiveram essa conversa com os filhos. Por estarem com idade avançada, doentes ou por terem percebido que precisam pensar na sucessão, em algum momento querem entender melhor como começar o planejamento sucessório. Também atendo muitos filhos que nunca falaram sobre sucessão com os pais, pois não tiveram abertura para isso.

Alguns filhos, mais conscientes, na faixa dos 40 ou 50 anos, que já possuem patrimônio e constituíram família, acabam resolvendo fazer a própria holding, para proteger o cônjuge e filhos, porque sabem que não é possível abordar o tema com os pais. Eles chegam bem mais maduros ao tema, com visão de futuro e de continuidade, porque percebem que precisam preparar os próprios filhos, ver o que eles gostam de fazer para que sigam adiante com as melhores condições que puderem lhes proporcionar, respeitando a individualidade de cada um (talvez esse seja o mundo ideal).

Nestes casos, não é raro que após a conclusão da holding familiar do filho, os pais se sintam mais confortáveis com o tema e pensem nesse mecanismo como solução interessante, validando-os para si.

Existe um claro conflito de gerações nessas circunstâncias, mas é possível revertê-lo. Qual seria o mundo ideal, então? Penso que não há formato perfeito e o mais importante é considerar o que você acredita ser o certo e simplesmente partir para a ação.

Para você ter uma ideia, um amigo meu, na faixa dos 30 anos, que é agente de seguro de vida e previdência privada, agendou uma reunião comigo e trouxe a mãe, mas antes havia levado o irmão. No total, foram cinco reuniões ao longo de um ano, sendo as duas últimas com os pais presentes. Certo dia recebo a ligação do pai agendando para começarmos a constituição da holding familiar. Percebi que o nível de conscientização estava aumentando ao longo dos meses. Percebe também? Ele mesmo entrou em contato; é uma decisão que deve ser tomada pelo patriarca ou pela matriarca. A condução desse caso foi lenta, durou um ano, mas é importante respeitar o tempo de cada um. Quando ele sentiu segurança, acionou a sucessão e definiu tudo.

Se você chegar para seu filho e disser "Filho, você quer assumir a fazenda tendo a minha presença ao seu lado como um consultor e conselheiro?", pode ser um jeito de estabelecer uma comunicação pessoal, que é válida. Talvez você opte por colocar de maneira mais direta: "Filho, estou doente, fui diagnosticado com câncer. Não sei quando ou como vai ser, nem que dia o papai do céu vai me levar, mas preciso resolver minha vida e a de vocês o mais breve possível".

O momento e a maneira como você vai começar é bastante individual e precisa considerar a dinâmica da família e a abertura que existe entre vocês.

Se você estabelecer que chegou o momento de conversar mais sobre sucessão, sugiro que avance, porque vai sentir um alívio enorme ao tirar esse peso dos seus ombros. Tenho inúmeros exemplos nesse sentido.

Claro, não será uma conversa das mais simples, pelo menos de início. Envolve muita emoção, exige maturidade e até desprendimento. Geralmente, as pessoas nunca falam sobre isso, então é natural que seja assim.

Recomendo que reflita profundamente sobre isso até o ponto da serenidade, para aceitar que é o melhor a ser feito e que o propósito de tudo isso é a continuidade da sua família, que precisará também da preservação do patrimônio material para seguirem adiante. Em seguida, faça um rascunho do que você imagina para essa sucessão e agende uma reunião dos pais com todos os filhos.

Deixo uma ideia para a condução dessa conversa, que poderia ser algo assim, em um primeiro momento: "Meus filhos, sua mãe e eu queríamos conversar com vocês sobre um ponto que a gente nunca conversou, porque é uma preocupação natural e ninguém quer passar por isso. Mas entendi que é importante para o bem de todos vocês. É importante começarmos a tratar da continuidade da nossa família e dos negócios que construímos juntos. Refletimos sobre isso, sei que tem muita coisa envolvida, mas precisamos começar de algum lugar e este pode ser o primeiro encontro de muitos. Tenho um seguro de vida e uma previdência, assim como vocês investem na bolsa ou têm investimentos, da mesma maneira que vocês moram nessa casa que um dia será de vocês, mas estava faltando termos uma conversa mais alinhada para poder trazer o que imaginei para os próximos passos e formalizarmos tudo, para a segurança de vocês. Claro, depois escutaremos as ideias que têm sobre isso. Pretendemos ficar aqui por muitos anos, mas sabemos que é uma conversa necessária e que vai ajudar vocês a encarar a realidade da vida. Talvez esse momento seja uma inspiração para o futuro da família de vocês, porque também terão um dia uma conversa com seus filhos para preparar a passagem para a próxima geração".

É interessante falar da importância de fazer essa passagem de maneira tranquila, ouvindo a todos e definindo a partilha, a divisão de responsabilidades e/ou da gestão da empresa e dos negócios da família.

Visualizando o melhor formato para a sucessão

Antes da conversa com os filhos, é importante desenhar algumas possibilidades para propor a eles, dentro da sua dinâmica familiar e empresarial. Você já percebeu as potencialidades do negócio e sabe quem são as pessoas de confiança que precisa privilegiar, porque são as que trabalham pelo seu projeto desde sempre e precisam da sua proteção para darem continuidade ao seu legado.

Mesmo depois de ouvi-las, na reunião com todos os familiares, é interessante lembrar que quem vai dar a última palavra serão os pais. São vocês, pais, que vão tomar a decisão final, e é importante exercer essa autoridade e colocar ordem na transição familiar, até para evitar futuras discussões; claro, sempre respeitando os sonhos e desejos de cada um.

Se você quiser privilegiar, por exemplo, aquele filho caçula do casamento atual, porque os outros são adultos e têm carreira e vida independentes, já aprendeu que pode dispor de 50% do seu patrimônio da maneira que quiser (e no caso do direcionamento de uma parte desse percentual para um herdeiro necessário, é importante destacar que se trata da parte disponível e que não se trata de uma antecipação de legítima). Os outros 50% precisam seguir a distribuição legal entre o cônjuge, ascendentes (pais) e descendentes (filhos). É de vital importância deixar essa instrução registrada.

Por isso, recomendo que a sucessão seja iniciada o quanto antes, para que consiga analisar mais possibilidades, com um prazo maior de transição, harmonizando essa passagem de bastão, principalmente quando envolve a capacitação dos filhos ou profissionais na gestão. Lembra-se da analogia do avião? Não dá para passar o comando da aeronave sequer para decolar, imagine a 15 mil pés de altura, para alguém sem capacitação para saber como manobrar as engrenagens.

Se já identificou alguém que quer assumir os negócios e é a melhor pessoa para essa administração, então será preciso estabelecer um plano de voo e compartilhar essa decisão na reunião. Por exemplo: "Nesses próximos dois anos, vou ficar como administrador, e você vai me acompanhar e rodar comigo por aqui (pelas empresas, fazendas etc.) para conhecer melhor os negócios da família. Vai tomar tais decisões sozinho, mas vai ter meu apoio ainda, porque vou ser seu copiloto.

Vai trabalhar por todas as áreas da companhia e conhecer todos os funcionários. Depois de cinco anos, você já estará à frente e serei o conselheiro; se precisar estarei ali, como chefe de tripulação. Quando estiver assumindo realmente qualquer desafio, estarei em alerta para ajudar em algum ponto. Até o momento em que seguirá seu próprio plano do voo, modelo de gestão, com sua personalidade e expertise, podendo pilotar sozinho esse avião. Mas estarei sempre aqui!".

Para ficar mais fácil visualizar essa organização prévia das pessoas e suas funções, sugiro que utilize o genograma que está no final deste capítulo.

Chegou a hora de comunicar

Depois de refletir sobre as potencialidades de cada um, você chegou a um rascunho do que considera ideal e que poderia ser uma sugestão, caso não apareçam outras ideias na reunião com os filhos ou se houver algum conflito.

Agora chegou o momento de compartilhar com eles que vocês vão iniciar um processo de sucessão familiar e patrimonial e, para isso, precisarão conversar sobre como cada um pode ajudar e em que função gostaria de atuar.

Lembro que meu sogro, que já faleceu, tinha uma loja de autopeças. Certa vez, ele perguntou para as três filhas: "Vocês querem assumir, continuar com a loja?". Elas não quiseram, e ele acabou vendendo. Foi importante esse momento de comunicação bastante simples e direta, para ficar mais claro quais seriam os passos seguintes da sucessão.

Muitas vezes, nessas conversas entre os familiares, algum filho fala: "Eu quero, pai! Posso administrar a empresa". Caso sejam várias propriedades e empreendimentos, pode ser o momento de dizer: "É ótimo que vocês queiram dar continuidade aos negócios! Então, o que acham de voltar a visitar a fazenda ou a empresa, de conhecer melhor o dia a dia ou um setor específico?".

O acordo de sócios ou até mesmo um protocolo familiar são instrumentos incríveis para tratar ajustes e pontos de transição, como no caso de um cliente que tem três filhos: um contador, um advogado e um empreendedor. O pai, empresário da área da saúde, já dizia há muito tempo: "Filhos, vocês não querem participar mais ativamente do negócio? Podemos montar um documento – no formato de um acordo de sócios –, definindo que 'Se houver algum conflito relacionado à parte contábil, quem vai decidir será o João, que é contador e vai ter a expertise para julgar. Se tiver alguma desavença com relação ao mercado, será decidido pelo Mateus, e se surgir algum desafio jurídico, o Mariano resolve'". Dessa maneira, você começa a envolver realmente os filhos, dando um certo poder para eles, para se sentirem parte da estrutura que herdarão. Essa comunicação pode surgir nas conversas individuais ou entre os familiares, aproveitando momentos em que estão unidos todos os interessados.

Quanto à **sucessão das responsabilidades**, é importante percorrer com todos quais serão as obrigações de cada um, se haverá curador especial para os irmãos menores, no caso de o patriarca e a matriarca faltarem.

Na passagem de bastão, na **sucessão da gestão**, pode haver situações em que o filho mais velho, que é o braço direito do pai, já está atuando como administrador em conjunto com ele e já mostrou interesse em assumir os negócios. E surgem algumas questões que precisam ter sido pensadas de antemão: será que esse filho que vai cuidar do negócio vai ter um percentual maior da parte disponível ou isso não tem nada a ver? Como ele será beneficiado por ter assumido tantas responsabilidades? Nesse caso, os outros filhos participarão como sócios ou atuarão efetivamente nos negócios, administrando-os? Ou só receberão a distribuição de lucros, mas não estarão presentes no dia a dia da empresa?

Esse é o momento de começar a desenhar uma arquitetura desse planejamento sucessório, um mapa mais completo do que vai acontecer agora e nas próximas etapas. Eles precisam estar cientes de tudo.

Se não for identificado alguém para assumir os negócios, é importante que isso fique bem claro para todos, pois você terá que procurar outras pessoas de sua confiança ou ainda profissionais do mercado, que deverão ser capacitados, conforme suas instruções e requisitos. Você pode informar aos filhos: "Como vocês não mostraram interesse na gestão dos negócios, informo que, por um tempo, o gerente ou diretor será meu irmão, o João, que é uma pessoa de confiança e que conhece o andamento dos negócios. De qualquer maneira, vamos procurar uma pessoa do mercado para fazer essa administração. O João continuará no apoio e acompanhará a gestão de perto". Esse momento da comunicação é justamente para alinhar todos os detalhes e mostrar que houve a possibilidade de passagem de bastão para os filhos.

Nessa conversa sobre gestão, é essencial mostrar que a empresa conta com dois, dez, ou dezenas de funcionários, e que você e seus filhos têm responsabilidades para com todos eles, bem como com as questões tributárias, ambientais, trabalhistas, fundiárias, com parcerias, contratos, entre outros. Isso precisa ser comunicado para que as pessoas tenham ciência dos direitos e deveres/responsabilidades/obrigações de cada um, também informando que haverá mais reuniões para aprofundar as questões levantadas.

É interessante, inclusive, aproveitar para orientar os filhos que resolveram montar as próprias empresas, seguindo seus sonhos, de modo a mostrar que você estará por perto, caso precisem. Alguns podem ter receio de revelar seus planos individuais, por receio de

PASSO 4: COMUNICAÇÃO **159**

magoá-lo, mas é natural que sigam caminhos diferentes. Sugiro que crie momentos de conversas individuais e deixe-os exporem seus projetos, colocando-se como suporte. Você pode dizer algo como: "Filho, você está querendo abrir essa sociedade, mas pense melhor nisso, porque já percorri esse caminho e encontrei essas dificuldades. Sugiro que teste tal formato aqui. Se precisar, me procure".

É essencial deixar definida a **sucessão patrimonial**, que foi facilitada pela organização da documentação, pois já se sabe qual é o tamanho do patrimônio e é preciso compartilhar as pendências, inclusive para que os filhos ajudem nesse processo. Você pode dizer algo como "Olha, precisamos regularizar aquele imóvel, checar a situação deste terreno e falta fazer isso e aquilo", e envolver todos nas soluções, trabalhando em conjunto. Normalmente, o que vejo é que um filho assume mais responsabilidades e corre atrás das providências.

Quanto à distribuição dos bens, é importante deixar definido como será realizada essa partilha. Você pode detalhar: "Quanto ao patrimônio, vou ajustar neste formato aqui. As propriedades tais e tais ficarão distribuídas dessa maneira, os valores serão divididos como quotas da holding, o imóvel que você mora e que está em meu nome será direcionado para você dentro das quotas da sociedade, o seguro de vida será utilizado para pagar tais custos e o excedente será redistribuído de tal forma (consoante detalhamento dentre de um Acordo de Sócios, por exemplo)".

Você pode definir que vai direcionar o patrimônio já para os netos, com usufruto dos pais ou instituindo parte do usufruto para os avós e parte para os pais e incluindo expressamente o direito de acrescer daqueles para estes. Dessa maneira, você começa a sucessão não só pensando nos filhos, mas nos netos, gerando um instrumento de proteção para eles. Se algo inesperado acontecer, pelo menos eles estarão mais seguros, pois terão um patrimônio. Isso seria mais uma trava para proteger a terceira geração.

Essa fase de comunicação é um salto de conscientização e costuma criar um ambiente de aproximação entre todos, deixando mais claro qual o caminho que você vai seguir e quais são seus planos. O mesmo acontecerá com seus filhos, que precisarão se definir individualmente. A família vai entender que foi iniciado um movimento importante e que devem se atentar aos próximos passos.

A ideia central dessa comunicação em família é que percebam que você está iniciando um processo de passagem de tudo que construiu, que vivenciou, dando continuidade ao que recebeu dos seus avós ou que constituiu com seu próprio esforço. É o momento de lembrar que, mesmo que não tenha herdado nenhum centavo, recebeu valores e princípios que fizeram com que você seguisse em frente, e esse legado também está sendo passado para seus filhos e netos.

Passo a passo da comunicação

No mundo ideal (ou próximo disso), creio que o passo zero seria prepararmos as próximas gerações desde cedo, como dissemos, para que se sintam parte do processo, trabalhando pelos negócios da família, preservando os bens, respeitando e criando responsabilidades para que descubram as próprias potencialidades. Nesse mundo, você foi criando oportunidades para que experimentassem e testassem enquanto cumpriam as tarefas. Segue um resumo do passo a passo de como isso pode ser feito.

Passo 1: patriarca e matriarca imaginam como seria a sucessão.

Assim que perceberem as potencialidades de cada um, conversarem individualmente para sentir quais funções cada um está mais propenso a seguir, e derem andamento à organização da documentação, então poderão ter uma dimensão mais concreta do tamanho do patrimônio e, assim, desenhar como poderia ser essa sucessão.

Passo 2: pais se reúnem com o advogado.

Com um rascunho dessa ideia da sucessão – destacando membros da família, suas possíveis funções, a lista de propriedades e como será a partilha –, agora é o momento de conversar com o advogado e entender quais são as possibilidades para seu caso, pedir esclarecimentos e orientações. A partir daqui, os pais combinam um encontro geral com os filhos.

Passo 3: pais conversam com os filhos.

Este é o momento de introduzir o tema da sucessão entre os filhos, passar a ideia da importância desse processo de continuidade da família e dos negócios, para iniciar a passagem de bastão. É bom explicar que haverá a sucessão de responsabilidades, de gestão e patrimonial.

Os pais podem propor: "Como cada um de vocês poderia colaborar com essa continuidade?". É essencial ouvir cada um sobre seus anseios e desejos, se querem atuar na gestão dos negócios, definir quem se responsabilizará pelos irmãos menores e destacar todas as responsabilidades (familiares e de gestão). É essencial indicar que é a hora de definir funções e atribuições, informar quanto à organização da documentação e envolvê-los nas providências para a regularização das propriedades.

Depois de ouvi-los, você deve passar para as definições do patrimônio, estabelecendo a partilha, explicando os pesos aplicados a essa divisão e seus porquês, de maneira harmônica, para que não haja nenhum tipo de conflito nesse momento ou depois.

Sugiro fechar esse momento informando que houve uma reunião com o advogado e que dia tal os filhos vão encontrá-lo, junto com o contador, e poderão tirar dúvidas sobre a criação da holding, de acordo com o que foi definido até ali. E já marca esse encontro: "Sábado de manhã está bom para vocês?".

Passo 4: conversa reunindo os pais, os filhos, o advogado e o contador.

Tudo foi definido, então chegou o momento de uma reunião geral, com o advogado e o contador (de repente também com outros profissionais que façam parte do negócio e seja interessante que estejam presentes), para tirar as dúvidas dos filhos de como será a holding dessa família e iniciar o planejamento sucessório.

GENOGRAMA FAMILIAR E PATRIMONIAL

O genograma é uma espécie de organograma da família (que utilizo nos estudos de viabilidade), no qual constam todos os membros – pai, mãe, filhos –, o regime de casamento dos pais, dos filhos, se há alguma união estável ou não, se está formalizado ou não, se há netos, se genros e noras participam ou participarão dos negócios, qual filho(a) está participando dos negócios e para quem será direcionado o patrimônio.

É nesse momento da comunicação que se define se genros e noras participam do negócio ou não, dados que serão considerados na criação da holding e seus referidos instrumentos.

PASSO 4: COMUNICAÇÃO **163**

Exercício de comunicação: faça seu genograma

Acesse o QR Code a seguir para criar seu genograma familiar e patrimonial, detalhando funções, atribuições e os bens que serão direcionados para cada membro da família. Insira o regime de casamento[75] (comunhão universal de bens, comunhão parcial de bens, separação legal de bens – divididos em separação convencional de bens e separação obrigatória de bens – e participação final nos aquestos) dos fundadores e dos filhos.

---

75 FERREIRA, P. Resumo dos 4 tipos de regimes de bens do casamento. **Jusbrasil**, 18 out. 2021. Disponível em: https://www.jusbrasil.com.br/artigos/resumo-dos-4-tipos-de-regimes-de-bens-do-casamento/1299479144. Acesso em 3 fev. 2024.

Genograma familiar

Aponte a câmera para o QR CODE para acessar o conteúdo:

https://estevesholding.com.br/modelo-de-genograma-familiar/

Agora que já foi comunicado aos familiares os planos de sucessão, definindo todos os detalhes e desenhando sua arquitetura, por meio do genograma, que será o começo da estruturação do planejamento sucessório, avançaremos para o próximo capítulo. Nele trataremos do passo 5 do Método EPA, que é a Transformação, a etapa final para que você possa desenvolver sua holding. Vamos lá!

09.

PASSO 5: TRANSFORMAÇÃO

Sabe o que é mais incrível? O quebra-cabeça completo é muito maior, mais impactante e transformador do que a soma de suas partes.

Percorremos uma longa jornada até aqui, e você pôde conhecer os danos do inventário, seus custos financeiros, a perda patrimonial (que pode chegar a mais do que 20% do seu patrimônio) e os conflitos familiares que não são incomuns. Vimos como é importante cuidar da sucessão e trouxemos informações sobre o que precisa ser acionado. Elevamos o nível de conscientização e você se superou em muitos pontos, deu início à organização da documentação e comunicou a decisão aos familiares.

Neste capítulo, chegamos ao passo 5 do Método EPA, a Transformação, que fecha nossa metodologia rumo à criação da sua holding. Se você está aqui é porque quer entender melhor os mecanismos da sucessão e de como poderá, na prática, dar andamento ao seu planejamento sucessório. Nesse momento, a ideia da transformação das próximas gerações deve estar crescendo dentro de você, isso porque você percebeu que é o certo a ser feito. Tudo pode ser diferente a partir de você. Isso é transformação!

APLICAÇÃO DA HOLDING FAMILIAR

Agora, apresentarei as vantagens da holding familiar que, para ter um processo de maturação eficiente, precisará passar pelos quatro passos anteriores. Trataremos das vantagens tributárias, dos investimentos necessários, das cláusulas protetivas, da proteção patrimonial, da função do acordo de sócios, do protocolo da família, reunindo todos os segredos da holding.

Holding e herdeiros necessários

Na holding, podemos integralizar até 100% do patrimônio, mas precisamos respeitar a legítima e as estratégias acerca do que deve ser integralizado, bem como verificar o que faz mais sentido que continue em nome da pessoa física (no CPF).

Existem bens móveis, investimentos e até mesmo bens imóvel que, após análise, vemos que faz mais sentido manter na pessoa física. Mas, aqui, vamos direcionar para o que ficou pré-definido como recomendado para integralizarmos na holding familiar.

No momento da doação das quotas do pai ou da mãe, se estes forem casados sob o regime de comunhão universal de bens (fazemos a doação de um deles somente, que representará o cônjuge), inserimos – como mencionado em capítulo anterior – uma cláusula do cônjuge como anuente, transmitente e interveniente. Este anuirá a integralização do patrimônio, mesmo não aparecendo como sócio.

Então, a depender do regime de bens estabelecido no matrimônio ou na união estável, criamos a sociedade em nome do patriarca e da matriarca ou de um deles, e, na etapa seguinte, o ingresso dos filhos é realizado por meio de uma alteração do contrato social, identificando que ocorreu uma cessão não onerosa de quotas – doação com reserva de usufruto vitalício, por exemplo, em que filhos passam a ser sócios da empresa, como nu-proprietários das quotas e tendo os pais como usufrutuários, com o devido recolhimento de parte ou totalidade do ITCMD – ou por meio de uma cessão onerosa de quotas – com compra e venda de quotas, tomando-se os devidos cuidados, atenções e estratégias lícitas que o caso requerer.

Se forem quatro filhos, por exemplo, o casal pode doar 25% para cada um ou pode beneficiar um dos filhos, doando até 50% da parte disponível, sendo que o desenho final poderia ser: Filho 1 com

62,5% (50% + 12,5%), Filho 2 com 12,5%, Filho 3 com 12,5% e Filho 4 com 12,5%. É possível manejar esses detalhes, claro, sempre respeitando a legítima dentro da holding, permanecendo, portanto, dentro da lei e atendendo às necessidades e as peculiaridades de cada estrutura.

VANTAGENS DA HOLDING

É importante reiterar que não basta a criação de uma holding para que todos os problemas estejam resolvidos, e reforço que a holding familiar não é aplicável para todas as famílias. Todavia, a depender do caso concreto, existem ganhos quase que imediatos, além de reverberar na performance dos seus negócios, na paz familiar e na organização para as próximas gerações e, inclusive, para uma alienação imobiliária ou societária futura.

Holding não proporciona apenas vantagens contra os altos custos do inventário, mas benefícios que melhoram a gestão e podem garantir um excelente retorno financeiro só pelo fato de se tratar de uma pessoa jurídica no regime tributário lucro presumido, além de outros aspectos que vamos detalhar a seguir.

1. Proteção patrimonial

Sempre que tratamos sobre o tema holding familiar, o pilar proteção patrimonial é um dos destaques e, como o próprio nome sugere, faz alusão à proteção de bens através de mecanismo jurídico, contábil e estratégico que visa a segurança do legado de uma pessoa física, família ou empresa. Logo, isso possibilita que o patrimônio se distancie de eventuais riscos envolvidos nas relações profissionais, pessoais, familiares ou operacionais de uma companhia.

Tal mecanismo não deve ser utilizado como meio de fraudar o fisco, credores, execuções ou terceiros em geral. Este, claramente, não é o objetivo e nem o objeto do presente livro, portanto não recomendo a utilização da modalidade holding com o intuito da ilicitude ou ilegalidade.

Mas, para que haja a segregação destes riscos e a construção de camadas protetivas lícitas, firmes e sustentáveis, é necessário fazer um trabalho organizado e por meio de profissionais qualificados, que em conjunto com as pessoas físicas e/ou jurídicas encontrarão os meios adequados para a efetiva proteção.

E como é que se forma a holding familiar, quanto aos bens imóveis, na prática?

Primeiramente, recomendo que seja assinado um termo de confidencialidade e de sigilo das informações e dos documentos que serão entregues pelo cliente. Na sequência, é preciso ter acesso a dois documentos muito importantes: a declaração de imposto de renda do cliente e a certidão atualizada de cada um dos imóveis junto ao cartório de registro de imóveis respectivo.

Com estes documentos em mão faremos a seguinte pergunta: "Você pretende vender algum destes bens imóveis nos próximos meses?". Se a resposta for afirmativa, será necessário fazer um plane-jamento tributário específico para definir se a vantagem tributária da venda por pessoa física é mais eficiente do que por pessoa jurídica. Se a resposta for não, seguiremos para a integralização.

Logo em seguida, para a montagem, é recomendada a presença de um advogado especialista e de um contador, para realizar alinhamento da parte estrutural, sucessória, tributária e operacional da empresa. E, após, a elaboração de um documento de registro da empresa sob o formato de um contrato social (a sociedade limitada é a modalidade societária mais utilizada na constituição das holdings familiares) ou de um estatuto social (sociedade por ações), ela é registrada na junta comercial de um dos estados da federação e, em seguida, o documento é emitido pela Receita Federal, e é disponibilizado o CNPJ (Cadastro Nacional de Pessoa Jurídica), que é o registro fiscal da empresa.

Dentre os pré-requisitos de toda e qualquer sociedade empresária está a definição da(s) atividade(s) a ser(em) desenvolvida(s) pela empresa, por isso, é preciso analisar cuidadosamente cada categoria e subcategoria da CNAE[76] (Classificação Nacional das Atividades Econômicas).

Neste contrato social, por exemplo, irá constar o nome da empresa, a qualificação dos sócios, o endereço, o objeto social (com as respectivas CNAEs), a forma de constituição, o capital social, a participação dos sócios, a administração da empresa, além de uma série de regras e aspectos societários.

Ocorre que, para a eficiência da Proteção Patrimonial, o planejamento deve percorrer um caminho específico, inclusive destacado no Recurso Especial junto ao STJ[77] (Superior Tribunal de Justiça). Esse percurso se inicia na constituição de uma empresa e, em se tratando de bens imóveis, deve passar obrigatoriamente pelo requerimento de imunidade do ITBI (Imposto sobre a Transmissão de Bens Imóveis) junto à secretaria de finanças do município onde o bem imóvel está localizado, para a emissão da certidão de imunidade (parcial ou total) dele ou para pagamento do imposto (a depender do entendimento municipal, da estratégia familiar e/ou do objeto social e objetivos reais

---

76 Dentre as CNAEs mais utilizadas na gestão, controle e administração patrimonial estão CNAE 6462-0/00 – Holding de instituições não financeiras; CNAE 6810-2/02 – Administração de imóveis próprios e CNAE 6810-2/01 – Compra e venda de imóveis próprios.
77 RESP nº 1.743.088.

PASSO 5: TRANSFORMAÇÃO **171**

da sociedade).[78] Ao final, é necessária a união de todos os comprovantes de integralização do bem imóvel para averbação do registro junto ao Cartório de Registro de Imóveis do respectivo município.

Gostaria de fazer uma observação para ilustrar essa etapa. A integralização de um bem imóvel na holding segue o mesmo procedimento de uma compra e venda imobiliária. Nesta teremos a escritura pública junto ao cartório de notas, o recolhimento do ITBI junto ao município e o registro ou averbação junto ao cartório de registro de imóveis, enquanto naquela teremos o contrato social – fazendo as vezes de uma escritura pública –, a certidão de imunidade constitucional do ITBI ou pagamento dele e, ao final, a etapa de averbação junto ao cartório de registro de imóveis.

Antes de avançarmos, cabe destacar uma grande economia que teremos na integralização de bens imóveis por meio do contrato social (ou do estatuto social): o não pagamento de escritura pública, mas tão somente da taxa para a constituição ou alteração do contrato social da holding familiar. Isso possibilita a integralização de três, cinco, dez, vinte imóveis de uma vez, de modo que seja recolhido apenas um pequeno valor para a junta comercial.

É recomendado que essa fase, na holding familiar, se inicie somente com a participação dos pais como sócios da empresa (porque o patrimônio está no nome deles). Para ficar mais claro ainda, visualizaremos as seguintes etapas:

- **Etapa 1 – Termo de confidencialidade e de sigilo:** ao entregar os seus documentos e informações pessoais e

---

78 SHIMADA, S. Imunidade do ITBI em transferência de bens de família para holdings. **Consultor Jurídico**, 15 out. 2023. Disponível em: https://www.conjur.com.br/2023-out-15/sheila-shimada-imunidade-itbi-transferencia. Acesso em 19 mar. 2024.

familiares, recomenda-se que as partes assinem um termo de confidencialidade.

- **Etapa 2 – Documentos:** entrega da declaração de imposto de renda e da documentação referente aos imóveis (certidão de registro de imóveis atualizada).

- **Etapa 3 – Contrato social:** elaboração do contrato para a constituição da holding familiar por meio de um advogado especialista, com o auxílio da contabilidade, incluindo, em cláusulas, as estratégias societárias de acordo com o previsto em lei, adequando-se ao perfil familiar.

  - O que deve conter no contrato social: o nome da empresa (já comece a pensar no nome da sua empresa familiar), a qualificação dos sócios, o endereço, o objeto social, a forma de constituição, o capital social, a participação dos sócios, a administração da empresa, além de uma série de regras específicas da família, dentre outros aspectos societários.[79]

- **Etapa 4 – Junta comercial:** registro do contrato social na junta comercial do estado e a emissão, pela Receita Federal, do Cadastro Nacional de Pessoa Jurídica (CNPJ). Este passo, normalmente, é monitorado pelo contador.

---

79 Art. 997. A sociedade constitui-se mediante contrato escrito, particular ou público, que, além de cláusulas estipuladas pelas partes, mencionará: I - nome, nacionalidade, estado civil, profissão e residência dos sócios, se pessoas naturais, e a firma ou a denominação, nacionalidade e sede dos sócios, se jurídicas; II - denominação, objeto, sede e prazo da sociedade; III - capital da sociedade, expresso em moeda corrente, podendo compreender qualquer espécie de bens, suscetíveis de avaliação pecuniária; IV - a quota de cada sócio no capital social, e o modo de realizá-la; V - as prestações a que se obriga o sócio, cuja contribuição consista em serviços; VI - as pessoas naturais incumbidas da administração da sociedade, e seus poderes e atribuições; VII - a participação de cada sócio nos lucros e nas perdas; VIII - se os sócios respondem, ou não, subsidiariamente, pelas obrigações sociais. **Parágrafo único**. É ineficaz em relação a terceiros qualquer pacto separado, contrário ao disposto no instrumento do contrato.

- **Etapa 5 – ITBI**: apresentação do requerimento de imunidade do ITBI junto às prefeituras municipais em que os bens imóveis estejam localizados, solicitando a Certidão de Imunidade do ITBI:
  - Apesar da imunidade constitucional do ITBI[80] na transmissão de bens ou direitos incorporados ao patrimônio de pessoa jurídica em realização de capital, é providencial o advogado da família entrar em contato com a procuradoria da prefeitura municipal de onde estiverem registrado os imóveis para confirmar o posicionamento adotado, tendo em vista decisão recente do STF[81] (Superior Tribunal Federal) acerca do tema.
  - Caso o posicionamento adotado pelo município seja pela cobrança da diferença do ITBI – entre o valor integralizado no capital social da holding e o valor venal do imóvel – a saída será recolher o imposto ou ingressar com medidas administrativas e judiciais.
- **Etapa 6 – Cartório de Registro de Imóveis (CRI)**: nesta etapa da proteção patrimonial, é necessário:

---

80 Art. 156. Compete aos Municípios instituir impostos sobre: § 2º O imposto previsto no inciso II: I - não incide sobre a transmissão de bens ou direitos incorporados ao patrimônio de pessoa jurídica em realização de capital, nem sobre a transmissão de bens ou direitos decorrente de fusão, incorporação, cisão ou extinção de pessoa jurídica, salvo se, nesses casos, a atividade preponderante do adquirente for a compra e venda desses bens ou direitos, locação de bens imóveis ou arrendamento mercantil.
81 ALCANCE da imunidade tributária do ITBI, prevista no art. 156, § 2º, I, da Constituição, sobre imóveis incorporados ao patrimônio de pessoa jurídica, quando o valor total desses bens excederem o limite do capital social a ser integralizado. **Supremo Tribunal Federal**, 6 mar. 2015. Disponível em: https://portal.stf.jus.br/jurisprudenciaRepercussao/tema.asp?num=796. Acesso em 19 mar. 2024.

- Dar entrada nos seguintes documentos junto ao CRI: Contrato Social do CNPJ, dos documentos pessoais dos administradores da holding familiar, certidão de imunidade (parcial ou total) do ITBI ou guia de pagamento do recolhimento do ITBI.
- Recolher as taxas cartorárias para inclusão do novo proprietário do bem imóvel, que, no caso, será a holding familiar. Lembrando que só é dono quem registra, por isso essa etapa é providencial.

- **Etapa 7 – Ingresso dos filhos na holding familiar**: até aqui, só estão os pais inseridos na empresa. Em nenhum momento aparecem os filhos. A partir desta etapa, como os imóveis já estão inscritos no CRI em nome da holding familiar, vamos iniciar o processo de cessão das quotas dos pais para as filhos, com planejamento sucessório propriamente dito.

2. Vantagens tributárias

Este pilar, sem dúvida, é um dos grandes atrativos para a constituição de uma holding familiar, mas deve ser analisado por meio de um planejamento tributário de forma eficiente, correta, sem burlar a legislação, sem simulação ou meios de evasão fiscal.

Na fase estrutural federal, podemos integralizar o bem imóvel pelo valor que constar na declaração de imposto de renda[82] – normalmente, bem abaixo do valor de mercado ou venal do bem –, não havendo, inclusive, ganho de capital a ser recolhido pela Receita Federal.

---

82 BRASIL. Lei nº 9.249, de 26 de dezembro de 1995. Altera a legislação do imposto de renda das pessoas jurídicas, bem como da contribuição social sobre o lucro líquido, e dá outras providências. Brasília, DF: Diário Oficial da União, 1995.

Quanto à questão estadual, não custa nada lembrar que haverá, portanto, a redução significativa da base de cálculo do ITCMD para a passagem das quotas para os filhos, enquanto no processo de inventário – e até mesmo na doação via escritura pública – a base de cálculo será o valor venal ou de mercado do patrimônio imobiliário. Enquanto, na parte municipal, a depender do município, teremos inclusive a imunidade do ITBI ou a cobrança, tão somente, sobre a diferença entre o valor histórico (contábil) e o valor venal.

Outrossim, quanto às vantagens tributárias operacionais da empresa, teremos, a depender do objeto social e das CNAEs a serem utilizadas, uma série de estratégias tributárias interessantes a serem analisadas, como a alienação ou locação de bens imóveis com uma alíquota menor por conta do lucro presumido.

Quanto ao ganho de capital na venda de um imóvel urbano[83] ou de um imóvel rural,[84] precisaremos analisar uma série de fatores individuais, como o ano de aquisição, legislações específicas, estratégias contábeis e jurídicas, tipo de bem imóvel etc. Contudo, é preciso salientar que existem mecanismos legais e supereficientes que trarão vantagens tributárias e economia para a família.

Nesta esteira, em caso de locação, por exemplo, a tributação será de até 27,5% (de acordo com a tabela progressiva da Receita Federal) na pessoa física, enquanto por meio de uma Holding Imobiliária

---

83 *Idem*. Lei nº 7.713, de 22 de dezembro de 1988. Altera a legislação do imposto de renda e dá outras providências. Brasília, DF: Diário Oficial da União, 1988. *Idem*. Lei nº 11.196, de 21 de novembro de 2005. Institui o Regime Especial de Tributação para a Plataforma de Exportação de Serviços de Tecnologia da Informação – REPES, dentre outras providências. Brasília, DF: Diário Oficial da União, 2005.
84 *Idem*. Lei nº 9.393, de 19 de dezembro de 1996. Dispõe sobre o Imposto sobre a Propriedade Territorial Rural - ITR, sobre pagamento da dívida representada por Títulos da Dívida Agrária e dá outras providências. Brasília, DF: Diário Oficial da União, 1996.

(ou administradora de bens próprios), sob o regime tributário do lucro presumido, incidirá a alíquota de 11,33% a 14,53%, que, sem dúvida, trará uma redução significativa, com benefícios já nos meses seguintes à constituição da empresa. Em alguns casos, esses ganhos tributários acabam pagando parte do investimento necessário para a criação da holding.

A título de exemplo, um cliente de Porto Alegre/RS que possui quatro imóveis com receita mensal de aluguel na pessoa física no valor de 20 mil reais terá que recolher mensalmente o valor próximo a 5.500 reais, enquanto, por uma holding patrimonial sob o formato de administradora de bens próprios, tal valor seria próximo a 2.266 reais.[85] Economia significativa ao se fazer uma analogia, também, para contratos de arrendamento rural, que seguem o mesmo formato tributário da locação de bens imóveis.

Existem, inclusive, estratégias dentro do planejamento sucessório da holding familiar, por meio da distribuição de lucros de forma desproporcional e com isenção de imposto de renda na pessoa física. Isso justifica, em muitos casos, a operacionalização da holding, como no caso de uma administradora de bens próprios ou de uma agropecuária.

Entretanto, as vantagens tributárias não se limitam à venda ou à locação de bens imóveis, pois, se analisarmos o agronegócio, a depender da atividade rural, por exemplo, encontraremos benefícios na comercialização de grãos (soja ou milho) ou na venda de gado

---

85 Neste ponto, se faz necessária uma consultoria especializada de um advogado tributarista e/ou contador para, após análise do caso, dar um parecer assertivo e personalizado, tendo em vista que existirão custos para a criação da empresa, provável recolhimento do ITBI (por conta da atividade preponderante de locação), dentre outras despesas.

diretamente para frigoríficos. Neste caso, também há a necessidade de analisar estratégias contratuais (arrendamento rural e/ou parceria rural, condomínios rurais), créditos rurais junto a bancos e instituições financeiras, normas e regulamentos dos órgãos fiscalizadores.

Nota-se que, dentro do escopo de planejamento estratégico familiar, encontraremos diversas possibilidades que precisam ser conversadas entre os familiares e os profissionais que trabalharão em conjunto na constituição desta estrutura societária.

3. Planejamento sucessório

A proteção patrimonial (constituição da sociedade empresária, ITBI e registro de bens imóveis) e as estratégias tributárias (estruturais e operacionais) fazem parte do desenho maior, denominado de planejamento sucessório.

Ratifica-se que, apesar do foco neste momento ser a holding familiar (urbana ou rural) o planejamento sucessório deve ser visto sob um olhar amplo, de modo complementar com os demais instrumentos, como o seguro de vida, a previdência privada, o testamento, dentre outros.

Todos estes elementos precisam funcionar como uma engrenagem, sem abusos de forma nem assunção de riscos desnecessários, para que a estrutura permaneça com solidez não só no momento da sua constituição, mas, sobretudo, ao longo dos anos seguintes, que serão determinantes para se sustentarem aos procedimentos fiscalizatórios municipal, estadual e federal.

Rememoro, aqui, a tríade do planejamento sucessório com o formato patrimonial, da gestão e das responsabilidades, já mencionada em passagem anterior, mas que precisa de uma análise atenciosa para que se eleve, ainda mais, o nível de conscientização, conforme as possibilidades de transmissão patrimonial por meio de cessão de quotas da holding familiar.

Para a passagem das quotas ou das ações dos pais para os filhos, temos os formatos denominados de cessão não onerosa, cessão onerosa e cessão híbrida:

- **Cessão não onerosa**: formato mais utilizado dentro dos planejamentos sucessórios, em que ocorrerá a doação das quotas (recolhendo o ITCMD, como já vimos) para os filhos, com reserva de usufruto vitalício para os pais. Ou seja, por meio de uma alteração do contrato social, os filhos entrarão como sócios da nua-propriedade das quotas da empresa, enquanto os pais reservarão para si o usufruto das quotas. É importante observar que o usufruto das quotas, por si só, não apresenta poder pleno, de modo que se faz necessário explorar, de forma detalhada no contrato social, os direitos políticos (de voto e de administração) e os direitos econômicos (pró-labore e distribuição de lucros).

- **Cessão onerosa**: neste caso, também denominado de compra e venda de quotas, apesar dos benefícios, dentre outros, do não recolhimento de impostos como ITCMD, é providencial analisar pontos como transação adequada do fluxo financeiro entre as contas correntes dos filhos e dos pais, regime de bens do matrimônio dos filhos e estratégias contábeis junto à declaração de imposto de renda de cada um dos familiares integrantes da holding, além de ter compreensão acerca do fisco estadual e federal, e ter segurança da relação familiar.

- **Cessão híbrida:** os pais podem doar dinheiro – recolhendo o ITCMD – para os filhos, que poderão adquirir onerosamente a compra das quotas, desde que haja, efetivamente, o passo a passo do fluxo de saída do dinheiro da conta corrente dos pais e ingresso na conta corrente dos filhos, com o adequado ajuste contábil. Ao final, os filhos deverão comprar as quotas dos pais, para quem o valor retornará. Nota-se a importância de um alinhamento fino e obrigatório, para que não haja riscos no futuro.

3.1. Cláusulas protetivas

Além disso, dentro do planejamento sucessório – com impactos diretos na proteção patrimonial – há as cláusulas protetivas ou especiais, que são instrumentos que utilizaremos ao longo do contrato social (e das sucessivas alterações contratuais) como forma de proteção perante terceiros (em geral, de fora da família e até mesmo de alguns familiares próximos).

O objetivo de incluí-las é manter o patrimônio mais seguro e concentrado no grupo familiar. Existem dezenas de cláusulas possíveis, mas tratei cinco das mais comuns, de forma bem prática; lembrando que todas elas devem constar expressamente no contrato social ou em sua alteração.

1. Cláusula de inalienabilidade:[86] proíbe a alienação de um bem ou das quotas da empresa, normalmente, pelo prazo que durar o usufruto dos pais – logo, apenas após o falecimento. Esta regra tem uma rigidez muito grande e precisa ser analisada com cautela e flexibilizações dentro de um planejamento sucessó-

---

86 Código Civil, art. 1.911. A cláusula de inalienabilidade, imposta aos bens por ato de liberalidade, implica impenhorabilidade e incomunicabilidade.

rio em muitos dos casos, como quando se busca um crédito bancário ou rural.

2. Cláusula de impenhorabilidade: o intuito é impedir que determinado bem ou as quotas de uma holding familiar seja objeto de penhora por dívida pessoal dos nu-proprietários e dos usufrutuários. É óbvio que não há uma "blindagem" patrimonial contra tudo e contra todos (não se pode utilizar a presente cláusula como forma de bloqueio infalível), mas a sua utilização é muito recomendada por ser um importante e eficiente mecanismo de proteção patrimonial da família.

3. Cláusula de incomunicabilidade:[87] na eventualidade de uma separação ou divórcio de qualquer um dos filhos do patriarca ou da matriarca, os bens gravados com essa cláusula não farão parte da partilha de bens do divórcio dos filhos, por se tratar de patrimônio particular. Ou seja, independentemente do regime de casamento dos filhos (pode ser casado em comunhão parcial ou universal de bens), essa trava faz com que o patrimônio não passe para o cônjuge do filho ou da filha enquanto o patriarca e a matriarca estiverem vivos. Sabendo que o índice de divórcios está cada vez mais elevado,[88] é essencial se preservar neste ponto e manter as rédeas com os fundadores – administração, usufruto e recebimento de valores –, além de proteger o patrimônio. Se crio uma empresa, integralizo e doo essas quotas para os filhos,

---

87 Código Civil, art. 1.688. Ambos os cônjuges são obrigados a contribuir para as despesas do casal na proporção dos rendimentos de seu trabalho e de seus bens, salvo estipulação em contrário no pacto antenupcial.

88 ANOREG/BR conversa com especialistas sobre as estatísticas de registro civil do IBGE. **Colégio Notarial do Brasil**, 15 mar. 2023. Disponível em: https://www.notariado.org.br/15-03-2023-anoreg-br-conversa-com-especialistas-sobre-as-estatisticas-de-registro-civil-do-ibge/. Acesso em: 11 fev. 2024.

ficando com reserva de usufruto para os pais, é importante inserir a cláusula de incomunicabilidade. É uma proteção patrimonial contra terceiros. Esta é uma das cláusulas mais importantes, que sempre me solicitam.

4. <u>Cláusula de reversibilidade ou da reversão:</u>[89] possibilita o retorno das quotas doadas caso os donatários (no caso, os filhos) venham a falecer antes dos doadores, o patriarca e a matriarca (no caso, os pais). Esta cláusula reforça a proteção patrimonial e os interesses dos doadores em assegura que os beneficiários serão, tão somente, os filhos e não dos cônjuges ou companheiros deles. Por exemplo, eu doo bens imóveis ou participações societárias de um holding familiar para meus filhos. Caso estes se separem, a cláusula de incomunicabilidade protegerá, mas se eles falecerem antes dos pais, a reversão da ordem natural fará com que as quotas retornem para os doadores, com o recolhimento do devido imposto.

5. <u>Cláusula de reserva de usufruto:</u>[90] o usufruto é o direito real sobre coisas alheias, conferindo ao usufrutuário (pessoa para quem foi constituído o usufruto) a capacidade de usar as utilidades e os frutos (rendas) do bem, ainda que não seja o proprietário. É um instituto jurídico pelo qual se documenta que, apesar da propriedade (nesse caso, a propriedade das quotas) pertencer aos filhos, cabe ao usufrutuário o direito de usar e gozar das coisas, inclusive retendo para si os produtos (frutos) que eles renderem. Esse usufruto, por ser vitalício, faz com que, no exato segundo após o falecimento dos usufrutuários,

---

89 Código Civil, artigo 547: O doador pode estipular que os bens doados voltem ao seu patrimônio, se sobreviver ao donatário.
90 Código Civil, artigos 1.390 a 1.411.

os herdeiros (sucessores) passem a ter integral poder sobre o patrimônio. No mais, há o direito de acrescer e estender os efeitos do usufruto ao falecimento do segundo cônjuge (o pai ou a mãe), ou seja, o falecimento do primeiro não é suficiente para disparar a entrega de poderes aos filhos (sucessores). Por fim, deve constar, expressamente, um tópico no contrato social destacando os direitos políticos e econômicos da reserva de usufruto.

4. Pós-holding

A manutenção da holding familiar é fator determinante para que prevaleçam os interesses dos pais, fundadores, tanto na sua presença quanto, em muitos casos, na sua ausência, como que inserida em um escopo mais amplo de governança familiar – inspirada na governança corporativa, presente nas grandes empresas –, mas aqui dirigida para o ambiente familiar, já que 90% dos negócios no Brasil são constituídos por famílias.[91]

Essa vantagem se fundamenta na estratégia de trazer os princípios da governança para dentro da holding, porque são valores muito fortes e eficientes, que garantem transparência, clareza, honestidade e organização para o sistema que desenhamos.

A governança celebra a continuidade da empresa, garantindo sua proteção e perpetuação. Gosto da ideia da holding familiar como uma estratégia de governança, porque se busca as melhores práticas e revisão contínua (como o *compliance* da empresa, uma

---

91 QUAL é o grande desafio à longevidade das empresas familiares brasileiras, segundo a Dom Cabral. **Exame**, 25 fev. 2023. Disponível em: https://exame.com/negocios/qual-e-o-grande-desafio-a-longevidade-das-empresas-familiares-brasileiras-segundo-a-dom-cabral/. Acesso em: 5 mar. 2024.

miniauditoria regular), que inclui prestação de contas, a sucessão da gestão com um olhar para a passagem de bastão (para um ou mais filhos ou para outro profissional que não sejam filhos, mas que a família já identifique como sendo um gestor no futuro) e das funções a serem exercidas agora e ao longo dos anos (organograma de cargos e salários), a sucessão das responsabilidades quanto aos contratos, funcionários, parceiros, investidores. Tudo isso pode ser determinado em documentos parassociais, como o Acordo de Sócios e/ou o Protocolo da Família.

Esse trabalho é visto, inclusive, como um pós-holding porque, depois do planejamento sucessório, da criação da holding familiar – que envolveu pesquisa, organização, regularização e inúmeras providências –, pode ser que o advogado ou o contador inicial vá embora ou não acompanhe os próximos anos da holding.

Imagine uma holding que foi criada em 2004, mas o falecimento dos fundadores ocorreu em 2024. Tanta coisa mudou em vinte anos que certamente haverá instrumentos que não tenham mais função, estão inadequados ou poderiam ter sido melhorados, sem falar da atualização do patrimônio e outras questões. Por isso, caso você já tenha uma holding, recomendo contratar uma auditoria ou consultoria especializada para fazer esse trabalho, e caso ainda não tenha, busque profissionais com esse perfil no momento da montagem do seu planejamento sucessório.

O acordo de sócios representa um instrumento muito importante para toda e qualquer empresa, pois é nele que, em geral, serão tratadas as regras como: considerações importantes sobre a motivação e a continuidade do negócio familiar como forma de fortalecer os interesses da empresa e não dos sócios de forma individual; previsão das atribuições de cada sócios no exercício da atividade empresarial; direito de preferência na compra das quotas por conta da saída dos sócios da empresa (quando não tiver mais o usufruto); quem poderá ou não ingressar na empresa; e, mais adiante, modalidades de indenização; direito de preferência na compra das quotas; capacitação dos futuros administradores da empresa (experiência e formação) etc.

Se 95% das empresas familiares quebram na segunda ou terceira gerações,[92] é possível deduzir que o sucesso dos empreendimentos está muito relacionado a um planejamento sucessório, que alimenta outro fator, que é a venda, se houver interesse no futuro.

A governança fomenta o mercado a valorizar o legado, pois ele aparece de maneira mais visível para os investidores. Portanto, priorizar a preservação desse legado, dentro do conceito de governança, é justamente valorizar tanto a sucessão quanto uma alienação no futuro, porque está tudo organizado. Pode ser que a oportunidade de venda apareça antes da sucessão, pois o patriarca ordenou tão bem que recebeu uma proposta atraente e resolveu vender, junto com o patrimônio, parte da cultura daquela estrutura que foi criada. É comum o fundador virar o CEO ou acionista de um grupo. Vejo muito disso.

---

92 RICCA, D. 95% das empresas familiares são extintas no processo de sucessão à segunda ou terceira geração. **Sincor AM-RR**, 2 maio 2016. Disponível em: https://www.sincor-am.org.br/noticia/95-das-empresas-familiares-sao-extintas-no-proces-so-de-sucessao-segunda-ou-terceira-geracao/. Acesso em 31 jan. 2024.

> Recomenda-se que o acordo de sócios seja revisado pelo menos duas vezes ao ano (na pior das hipóteses, uma vez ao ano), em uma reunião ordinária, que deve ser preestabelecida, como uma rotina semestral. Isso é muito importante porque é como a revisão regular do carro ou do trator para a proteção dos seus usuários, senão a máquina vai parar. Sem essa manutenção, fica difícil haver continuidade. A governança traz esse pilar de manutenção e organização contínua.

Nota-se, portanto, a importância de um planejamento estratégico completo, visando uma série de elementos e possibilidades que darão segurança e eficiência no dia a dia das sociedades (operacionais, patrimoniais e sucessórias).

Dando sequência, depois de tantas informações e reflexões importantes, você poderá visualizar um gráfico demonstrativo do processo de criação e execução de uma holding familiar.

CAMINHO DA HOLDING FAMILIAR

1. Checklist documentos e informações (Família + Patrimônio + Gestão)

2. EPA! Entender para atender! Estudo de viabilidade patrimonial e familiar.

4. Requerimento de imunidade do ITBI + CNPJ + contrato social ou estatuto social junto à Secretaria de Finanças do município em que o imóvel está localizado.

3. Registrar o contrato social (Ltda) e o estatuto social (S/A) na junta comercial.

5. Imunidade concedida de forma incondicional.

6. Cartório de registro de imóveis

5. Imunidade concedida de forma condicionada.

6. Cartório de registro de imóveis + entrega do balanço patrimonial contábil da Secretaria de Finanças do município nos próximos três anos.

5. Imunidade não concedida.

6. Impugnação; mandado de segurança; ação declaratória com pedido de tutela de urgência; pagamento da diferença do ITBI.

8. Sucessão: cessão onerosa de quotas (compra e venda); cessão não onerosa de quotas (ITCMD).

7. Certidão atualizada no cartório de registro de imóveis (constando que os imóveis são de titularidade da empresa).

9. Pós-holding familiar: acordo de sócios; revisão periódica (anual, menor ITBI).

Observação: proteção patrimonial consiste em integralização de bens na pessoa jurídica (junta comercial + município + cartório de registro de imóveis).

Passo a passo para organizar sua holding familiar

1- Reuniões com os membros da família

a. Levantar informações.

b. Esclarecer as dúvidas da família.

c. Conhecer o genograma: familiares e regimes de casamento.

d. Conhecer o patrimônio pessoal e empresarial (se houver).

e. Conduzir entrevistas em grupo e individuais (elaborar atas em todas).

f. Tentar identificar um provável sucessor da gestão do negócio familiar.

2- Diagnóstico das informações levantadas

a. Elaborar relatório de natureza multidisciplinar: societário, tributário, sucessório, da família, aspectos contábeis, regularizações, demais burocracias e boas práticas de governança corporativa.

b. Expor, para aprovação da família, as estruturas e o planejamento sucessório analisado.

3- Legalização

Nesta fase, põe-se em prática o planejamento, elaborando-se os instrumentos societários, as empresas de proteção patrimonial e as de controle. São produzidos os seguintes instrumentos:

a. Contratos sociais ou estatutos sociais.

b. Acordo de quotistas ou acionistas.

c. Protocolo da família.

A seguir, temos um quadro comparativo entre os prováveis custos financeiros de um processo de inventário e de uma holding familiar:

QUADRO COMPARATIVO				
	Inventário		**Holding familiar**	
Base de cálculo dos bens imóveis		R$ 10 milhões		R$ 800 mil
Escritura pública (cartório de notas)	Certidões e taxas (inventário extrajudicial)	R$ 30 mil		
Junta comercial			Valor médio por estado	R$ 2.500 (contrato social) + R$ 1.000 (alterações do contrato social)
ITBI			2% sobre a diferença do ITBI	R$ 184 mil
Cartório de registro de imóveis	1% do valor venal	R$ 100 mil	1% do valor venal	R$ 100 mil
ITCMD	8%	R$ 800 mil	4%	R$ 32 mil
Contador			Anual	R$ 10 mil
Advogado	Entre 3% e 10% (OAB)	R$ 600 mil	1% sobre o valor de mercado	R$ 100 mil
Total		Cartório: R$ 1,53 milhões	R$ 429,5 mil (com ITBI)	R$ 245 mil (sem ITBI)
		Judicial + 1%: R$ 1,6 milhões (escritura pública)		
Vantagem			R$ 1.100.500 / R$ 1.170.500	R$ 1.284.500 / R$ 1.354.500
			Cartório / Judicial	Cartório / Judicial

Observação 1: A alíquota do ITCMD provavelmente aumentará nos anos a partir da data da publicação deste livro.

Observação 2: Este quadro comparativo é meramente ilustrativo, mas serve como mecanismo de visualização para validação junto a um advogado e/ou contador de confiança, sendo obrigatório analisar a legislação do seu estado (ITCMD e junta comercial) e município (ITBI, cartório de notas e cartório de registro de imóveis).

Observação 3: O custo da perda patrimonial não foi contabilizado no quadro comparativo, mas normalmente varia de 10% a 20% sobre o valor de mercado do bem imóvel, pois se vende um imóvel, de forma urgente, para pagar as despesas do inventário.

Ao acessar o QR Code a seguir, você terá acesso a um vídeo no qual explico as vantagens da aplicação da holding familiar.

Vídeo 4 – Vantagens da holding
Aponte a câmera para o QR CODE para acessar o conteúdo:

https://estevesholding.com.br/vantagens-da-holding-familiar/

Onde me encaixo? Modelos de holding familiar

Criei alguns modelos que podem ajudar você a entender como poderia funcionar sua estrutura familiar dentro de uma holding. Claro que há inúmeras especificidades que precisam ser consideradas, mas essas são ideias de formatos possíveis.

Acesse o QR Code a seguir e veja onde você se encaixa nessas opções gerais:

Modelos de holding familiar
Aponte a câmera para o QR CODE para acessar o conteúdo:

https://estevesholding.com.br/modelos-de-holding-e-contrato-social/

Exercício de transformação

Proponho esta atividade final, que já apliquei algumas vezes com empresários e produtores rurais e obtivemos ótimos resultados. Quero que você imagine como ficaria sua empresa se você ficasse sem aparecer nela por trinta dias. Depois disso, sugiro que deixe de ir à empresa ou à fazenda por uma semana, sem poder resolver nada (nem pelo celular, e-mail ou outro recurso).

Já adianto que todos, sem exceção, conseguem, no máximo, ficar três dias fora do negócio. E aí fica fácil identificar mais alguns problemas: falta de gestão e de delegação, resistência do fundador, entre outras inúmeras questões que você vai perceber. Pense sobre isso.

LEMBRANÇAS DE TRANSFORMAÇÃO

Tenho diversos exemplos de transformação no meu dia a dia por conta da implementação dos processos de criação de uma holding para famílias que aceitaram o desafio de iniciar a jornada rumo à continuidade das próximas gerações.

Ouço pessoas dizerem que planejamento sucessório é somente para bilionários, e alguns pensam que se trata de algum seguro que quero vender. Mas o grande segredo (se é que isso é tão secreto assim, ou se nós fechamos os olhos para o óbvio) é que planejamento sucessório supera patrimônio e chega até nossa história, nossa família, nosso legado.

É por isso que o Pedro, 56 anos, um dos meus primeiros clientes de holding familiar, me disse, em uma das nossas reuniões, que na primeira vez que eu apareci na empresa dele, a única coisa que ele queria era que eu desaparecesse da frente dele, porque esse tema não era prioridade. A prioridade, como ele mesmo disse, era resolver o furto que havia acontecido na madrugada anterior, em um dos seus dezesseis supermercados espalhados pelo Norte e pelo Nordeste brasileiro e, horas depois, o desligamento de um funcionário antigo (supervisor) que acabou descumprindo ordens do gerente.

Na segunda vez que nos encontramos, cheguei ao escritório dele e perguntei: "Por que você me chamou aqui depois de quatro meses? Para me fazer esperar duas horas na antessala e depois dizer que teria que sair para resolver outro compromisso? Se for assim, pode ter certeza de que não teremos um terceiro encontro. Agora, se quiser um terceiro encontro, tire esse telefone do gancho, desligue o celular e o monitor com as 60 câmeras conectadas e escuta o que eu vou te dizer!".

Ficamos dez minutos em silêncio, e ele quase infartou. Não aguentou ficar me olhando por mais nem um segundo e foi pegar o celular pra atender. Antes disso, fui saindo da sala e caminhei em direção ao meu carro. Mas antes de abrir a porta, ouvi um grito: "Esteveeeesss" (assim que ele me chama até hoje), "Que dinâmica foi aquela que você inventou lá na minha sala?" (falando com ironia e em alto tom), "Sabe que se eu ficar dez minutos de uma terça-feira de manhã sem atender o telefone e responder os aplicativos de mensagem, o meu negócio vai quebrar!".

Eu retruquei: "Sério? E se você morresse agora, como ficaria seu negócio? E sua família, que não o vê há anos na hora do almoço, como ficaria? Tudo que você conquistou, como ficaria? Se você não consegue se afastar do seu negócio por trinta minutos, que negócio é esse? Esse negócio é bom pra você e pra sua família?".

Quase um ano e meio depois, nos reencontramos para uma conversa definitiva: "Felipe Esteves! Aqui é o Pedro! Qual é o seu e-mail, para enviar a documentação que você solicitou? Vamos avançar com o planejamento sucessório da holding familiar". E assim o fizemos e estamos na fase final de conclusão da etapa sucessória.

No interior de São Paulo, conheci o senhor Oliveira, um grande produtor rural. Já de início, propus um desafio: "Você não pode participar do período de colheita de algodão nesse mês de abril". Ele gargalhou tanto que sorri também. E disse: "Felipe, seu menino" (adoro o Nelson) "nem a minha esposa, nem meus cinco filhos, nem a minha netinha de 2 anos conseguiram me tirar de uma colheita, e você vem aqui me propor isso?". Mais risadas.

Sentamos na varanda da fazenda dele e tomamos um delicioso café preto. Antes do segundo café, perguntei: "Oliveira, topa o desafio?". "Lógico que não!", respondeu ele, rindo ainda mais.

Retomando a seriedade, provoquei: "Tudo bem! Você acha que quando não estiver mais aqui a colheita vai continuar ou vai parar? Ela só vai parar se você não cuidar da sucessão da gestão, dos relacionamentos e das responsabilidades do seu negócio. É preciso preparar seu time de funcionários, parentes, fornecedores, arrendatários, parceiros. Se você pensar sobre isso agora, vai colher bons frutos em poucos meses. O planejamento sucessório não tem a ver com a morte, mas com a vida! Como o desfrutar de tudo que você conquistou e ter paz ao saber que seu patrimônio vai continuar sendo muito bem administrado pelas próximas gerações da família. Ou, mesmo se não tiver ninguém da família que tenha interesse, que será bem administrado por quem você treinar e em quem tiver confiança. Esse profissional prestará contas e trabalhará com transparência para que seus filhos tenham uma vida financeira muito boa".

Nessa hora, parece que caiu a ficha, e ele me deu um abraço, lamentando: "Eu não confio em ninguém para tocar o meu negócio!". "Eu sei que não é uma tarefa fácil ou simples", eu disse e logo complementei "mas sua família confia em você e você encontrará a resposta".

Na semana seguinte, começamos a montar uma estratégia híbrida de passagem de bastão para um filho, com o suporte do pai e de um gestor superqualificado do mercado. Essa transição está evoluindo, e de maneira muito satisfatória.

Seu Francisco, na reunião geral, juntou a família toda, a contabilidade e o jurídico. Perguntei a ele: "Como você se sente agora?". Ele respondeu que, após a reunião inicial que teve comigo, conseguiu compreender que muito mais do que um nome – EPA! – que exclama atenção, se você não ouvir a pessoa, jamais saberá o que ela realmente quer, logo, nunca conseguirá alcançar o resultado e a satisfação que deseja. E muitas vezes – na maioria, na verdade –, nem mesmo conseguimos parar para refletir sobre o que queremos, o que é o melhor para nossos filhos e para o mundo que deixaremos em breve. O método EPA é de uma sutileza e de uma agressividade interna, do qual acredito que todos os seres humanos precisam para se sentirem mais vivos do que nunca.

Desenvolvi o Método EPA porque realmente compreendi que tudo pelo que passamos na vida é nosso verdadeiro legado. As pessoas nem sempre entendem que quando falamos de legado, nos referimos ao que mais importa, que é o que está dentro e não o que está fora. Se o que está fora são patrimônios milionários ou somente uma casa, no fim das contas resolvemos isso com as ferramentas que podemos explorar por meio do planejamento sucessório, com a criação de uma holding familiar e suas inúmeras estratégias complementares. O que está dentro é um tesouro bem mais complexo para ser administrado e plantado no coração de cada um dos nossos queridos.

Gostaria de felicitá-lo e felicitá-la por ter chegado até aqui porque, assim como eu, talvez tenha identificado que um dos grandes problemas e dificuldades do ser humano é proteger tudo que construímos: patrimônio + relacionamentos + família + experiência. Sigamos adiante!

10.
LEGADO DE AMOR

Seu passado e tudo que você fez no passado fizeram você chegar até aqui, mas é olhando pelo para-brisas (não pelo retrovisor) que você chegará aonde quer chegar!

N o início, eram apenas providências materiais, documentações, regularizações, processos. Listas e mais listas de coisas para fazer. Visitas regulares a contadores, órgãos municipais e cartórios de registro de imóveis. Pilhas de papéis, celular tocando minuto a minuto, reuniões infinitas.

Um dia, sobrevoei as rotinas e percebi que se tratava de algo mais. Havia algo ali que ia além da burocracia e das estratégias. Refleti sobre esse incômodo, que antes não existia, mas não encontrava respostas. Certa manhã, entre uma coisa e outra, vi o Heitor Cezar correndo muito e rindo de explodir com alguma coisa que não entendi. Mas eu senti: "É isso. É por ele!".

Às vezes, nos esquecemos de que somos apenas humanos. Nem pobres, nem ricos, mas apenas humanos. Apenas pessoas que sofrem com a perda de um pai ou de uma mãe da mesma maneira que qualquer um. O luto não tem classe social. No final das contas, somos todos parecidos e sofremos da mesma maneira.

Com esse entendimento, meu trabalho ganhou outra dimensão, porque esse "algo mais" estava presente em toda reunião, na chamada inesperada, em cada mínima providência. Percebi que entre os papéis existiam amores, angústias, desejos, avós e bisavós pioneiros... parentes que viajaram escondidos em navios que cruzaram oceanos, fugindo de guerras, perseguições políticas, disputas de terra ou tantas outras circunstâncias decorrentes das invenções humanas.

Brotavam daquelas folhas amareladas o sofrimento de chegar a um país sem sequer saber a língua, sem ter onde dormir, sem amigos, deixando toda uma vida para trás, vendo-se sozinho entre multidões de desconhecidos, com costumes diferentes e incompreensíveis, passando fome, sede, medo e insegurança.

O que podem ter passado seus ancestrais para construir tudo que você tem hoje? Quantos desafios tiveram que vencer, o que precisaram aprender para poder sobreviver e se adequar à cultura e aos hábitos locais?

Geração após geração, representadas por pessoas e seus conflitos, todas viveram situações distintas que permearam cada mínimo centímetro da sua linha do tempo, do seu núcleo familiar. Todos têm uma história, e é importante conhecê-la.

Tudo que você e eu temos hoje é resultado do que foi construído lá atrás e que chegou até nós de alguma maneira, porque somos frutos desses quereres, desses amores. Minha eterna gratidão às gerações passadas!

E todos somos assim. Temos uma história completamente única e singular. E é por todas essas pessoas que temos o dever de fazer o melhor daqui para frente, com a bagagenzinha que recebemos, que é nada ou é tudo, que tinha amor ou não, que tinha bens e dinheiro ou era só uma sacola vazia, mas que, de uma maneira ou de outra, trazia em si um legado com princípios, valores e as coisas que você aprendeu. É tudo isso que forma a sua herança.

Você tem a honra de fazer o melhor com aquilo que você recebeu.

Meu pai tinha essa gratidão pelos meus avós. Eles não tinham nada, nada mesmo, patrimônio nenhum. Paupérrimos. Conheci meu avô quando tinha 2 anos e pouco e só tenho um flash dessa memória. Meu pai sempre rememorava suas histórias, contava que ele era chofer de autoridades, no Rio de Janeiro, apesar de morar no alto do morro, lá em Petrópolis. É interessante pensar que meu avô devia ser um homem bem ousado, por dirigir em uma época em que poucos o faziam. Sinto que peguei emprestado um pouco dessa ousadia na minha vida, por não seguir os caminhos comuns e mais seguros e optar por experimentar novas linguagens e recursos que o meio jurídico me oferece.

Costumo dizer que a parte mais importante da vida dos pais são os filhos. Não tem amor maior que esse, que beira o sublime, mesmo que esteja envolvido em desafios.

Depois de muito percorrer e conhecer centenas de histórias de famílias, ficou muito claro para mim que não se trata de dinheiro. Porque quem tem e quem não tem sofre do mesmo jeito. Quem sabe muito ou pouco também sofre, se distrai com as efemeridades da vida, em vez de perceber o que realmente interessa, o que é essencial para você e os seus.

A mesa pode ser farta se tiver só arroz, feijão, um franguinho que veio da roça e uma saladinha com as verduras da hortinha. Não interessa o tamanho da mesa, nem se tem mesa. O que realmente importa é quem está ao redor dela. E conseguir sentir gratidão por tudo que seus antepassados viveram para que você estivesse ali, almoçando com seus queridos e tentando entender suas angústias e conquistas, cuidando desses amores como seu real tesouro.

Tenho absoluta certeza de que não se trata tão somente de passar esse patrimônio para os filhos com uma vantagem tributária e que lá na frente eles terão menos dor de cabeça no inventário. Não é só isso! É rememorar, reviver, inclusive tudo que foi adquirido. Isso abre janelas na mente. Imagina recordar a história da primeira casa em que vocês moraram e as dificuldades que passaram para fazer as coisas acontecerem. É isso também, mas é mais que isso.

LEGADO DE AMOR **199**

Na missa de domingo, o padre falou sobre o fato de estarmos vendo os problemas como prioridade da vida. Então todo dia é só problema – problemas do futuro, do presente e do passado –, que geram ansiedade e depressão. E quando estamos cheios deles, não conseguimos alcançar Deus, porque a comunicação não chega, fica interrompida. Nossa atenção está nos boletos e, agora, no Pix deste mês, do outro e assim vai. E isso gera um distanciamento muito grande do contato com Deus, e a última coisa que Ele quer é que você se preocupe com problemas e deixe de viver. Porque os problemas serão resolvidos com sua vontade e foco, só que precisamos ter uma comunicação mais eficiente e mais limpa com Ele, para nos fortalecermos.

Independentemente da sua religião, ou mesmo se você for adepto a mais de uma, ou a nenhuma, sinto que essa conversa ou comunicação deve que ser diária com você mesmo, como algo contínuo. E tenho certeza de que o mesmo vale para nossos queridos. Precisamos limpar a comunicação dos pais com os filhos e dos filhos com os pais, sem tanta neblina, tantos muros que por vezes nos separam uns dos outros.

Ouvi, certa vez, uma frase muito simples que gerou reflexões: Não existem problemas, existem situações. Então, são só situações, com algum ensinamento especialmente dirigido para você. Porque, no final, é sempre com você, pois é com você que está acontecendo determinada situação. Algo necessita ser assimilado, resolvido e algum resultado precisa ser alcançado para seguir em frente. Se ficar focado no problema, não encontrará a solução.

Meu objetivo, ao escrever este livro, era passar o conhecimento que tenho para que você possa resolver esse desafio que é a sucessão. Por isso, percorremos essa jornada pelo planejamento sucessório, vendo-o apenas como uma situação a ser resolvida, por meio de suas múltiplas ramificações e estratégias e acionando o que você já sabe que é o certo a ser feito.

Mas, indo um pouco além dessa razão, meu real propósito era justamente levar esse amor, essa reconexão entre pais e filhos, pois é isso que muito importa. E esse é o momento de celebrar por ter vivido essa jornada, que envolve aspectos do mundo interior e exterior!

Gratidão! Paz! Amor! Papel de pai e de mãe cumprido ao extremo e na essência do amor e do cuidado. Sensação de dever cumprido. Transbordar boas energias. Melhora do diálogo com os filhos. Reaproximação dos filhos com os pais. Afeto fraternal. Não deixe o mais importante para depois. Não deixe de valorizar sua história, tantos anos de dedicação e superação. Chegou o momento de documentar tudo em um legado de amor.

Os filhos e os netos vão agradecer a você todos os dias por cuidar do que muito vale, e você poderá sentir o prazer de aproveitar essa trajetória repleta de entrega, que traz mais sentido ainda para a vida, pois para vocês, pai e mãe, que estão lendo este livro, o filho sempre vai precisar e querer seu conselho. E quando ele compreender que isso o ajudará a trilhar a vida, você sentirá algo tão forte e incrível que afetará positivamente todos os seus negócios pessoais e profissionais.

Acredito na sua transformação e em como isso pode reverberar por gerações. Sigamos em frente!

11.

COMO SER
IMORTAL

Todos os seres humanos são falíveis e maximizam uma ou duas forças. Se você ajudar seus filhos e familiares com suas ferramentas, dará a eles mecanismos incríveis para desenvolverem as próprias ferramentas.

Todos os dias, na minha profissão, eu organizo a casa dos outros. A imagem que vejo é de uma casa do futuro, onde estarão reunidos pai, mãe, filhos, e netos, ainda pequenos, reunindo duas, três ou mais gerações.

Recorro novamente ao meu pai, que sempre me ajuda nas minhas decisões. Mesmo não estando mais aqui, ele está (tenho certeza). É difícil explicar isso para qualquer um, mas talvez você sinta também a presença de alguém especial no seu dia a dia. É como um sopro, uma inspiração. Percebo essa manifestação na minha essência, retomando tudo que aprendi com ele, que transformou minha vida. Ele está presente em todas as conversas e continua a me dar ferramentas para cada situação.

Minha querida mãe, saudável, lúcida e incrível, com seus 71 anos, fortalece dia após dia esse amor, proteção e carinho constante. Vejo que muitos pais são assim.

Mas quem pode dizer que foi uma pessoa melhor por sua causa? Quem pode contar que você é uma inspiração para ela? De quem você é mentor nesta vida?

Imagina que Pitágoras viveu há vinte e cinco séculos, e até hoje discutimos suas ideias. Será que daqui a alguns séculos seus descendentes lembrarão de tudo que você fez? Contarão sobre o que construiu, as inovações que implantou? Que você foi um bom bisavô ou uma ótima bisavó, e recordarão as suas histórias? Qual será seu legado? Como lembrarão de você?

Percebo que essa ideia de mentoria é inspiracional. Você pode inspirar alguém para que explore suas próprias potencialidades, colocando suas ideias em prática e fazendo a diferença onde estiver.

Talvez meu pai não fosse a pessoa mais adequada com quem conversar sobre as ideias ousadas que eu tive, mas sua lembrança me trouxe confiança, mesmo contrariando alguma sugestão que ele tivesse me dado, que geralmente tinha a ver com a estabilidade profissional, prestar um concurso ou alguma coisa assim. Mesmo discordando, sei que ele me daria apoio e segurança para ousar, para que fosse eu mesmo, sempre.

Se você descobre seu propósito de vida, percebe por que realmente está aqui e fica mais fácil direcionar as ações para seu objetivo. Se seu propósito é ser feliz e fazer sua família feliz, trabalhe por isso, e vai alcançar a felicidade, que deve ser um alvo coletivo, não apenas individual e solitário.

Se adquiriu patrimônio e conhecimento, se conseguiu se tornar um bom profissional na sua área, do que vale tudo isso se não tiver continuidade, se parar em você? A imortalidade começa nesse ponto.

Quando olho para meu filho, também vejo essa imortalidade. Eu trabalho para que exista continuidade, tentando compartilhar tudo que sei e ouvindo-o em cada mínima manifestação. Mas sempre me pergunto, em especial dentre as inúmeras conversas diárias que tenho com a minha querida esposa Rafaela: como o Heitor se lembrará de tudo que conversamos? Quais ensinamentos provocarão nele a virada de chave, o voo da ousadia? Quais ferramentas serão mais úteis para seu desenvolvimento, quais farão a diferença no seu crescimento e expansão? Estou ajudando para que ele seja ele mesmo e se descubra como um ser único e transformador? O que eu ainda não falei que pode ser uma boa instrução para ele?

Percebo que essas descobertas são construídas naqueles momentos em que você desliga o celular e está 100% presente, colocando toda a energia em cada palavra, porque elas saem do coração, do melhor que há em você. Muitas vezes, não são frases épicas ou descomunais, mas apenas sua intenção expressa de maneira verdadeira em cada instante, em um olhar compassivo ou quando segura a mão do seu filho um pouco mais forte para atravessar a rua. Como naquele dia em que você o ensinou a andar de bicicleta sem as rodinhas, o apoiou nas primeiras tentativas e ele se sentiu mais seguro para se "aventurar". Ou quando o ajudou a fazer aquele gol e houve uma explosão de alegria por ter conseguido. É tijolinho por tijolinho, pouco a pouco.

Agora me vem a imagem da primeira vez que andei a cavalo, em Petrópolis/RJ. Eu com meus sete ou oito anos, um instrutor mantendo o cavalo sempre por perto, na rédea curta, meus pais olhando um pouco de longe. De repente, o cavalo sai em disparada por uns dois minutos, que pareciam ser duas horas, o instrutor ficou para trás e as únicas reações que eu tive foram: me segurar com todas as forças e falar com o cavalo com a tranquilidade que só o desespero é capaz de proporcionar.

O cavalo começou a diminuir e velocidade, até parar completamente. Ufa! Estava tudo bem!

Naquele momento compreendi o meu nome. Felipe[93] significa "amigo dos cavalos", e apesar de nunca ter competido, gosto deles desde pequeno e tenho aprendido com eles muitas lições de humanidade. Mesmo pesando cerca de 800 quilos, eles não são máquinas nas quais me sento, ligo e piso no acelerador. Não é isso. Ele é um

---

93 GUIA de nomes. **Crescer**, 1996-2024. Disponível em: https://revistacrescer. globo.com/guia-de-nomes/felipe/. Acesso em: 13 fev. 2024.

ser que tem uma existência em si. Tenho que me conectar com ele o tempo todo. Ganhar a confiança dele. Um passo de cada vez e a segurança vem sendo construída. Recompensá-lo, não o irritar, não o assustar. Preciso estar calmo, em equilíbrio mental, com a energia tranquila para estabelecer contato, mostrar que ele pode confiar em mim, fazer um carinho, conversar com ele.

É interessante pensar que nas relações humanas é exatamente assim. Quanto mais alinharmos esse campo energético entre pais e filhos, entre casais, entre irmãos, mais fácil será conduzir esse trote. Se meu pai é teimoso e difícil, ou meus filhos "não querem saber de nada", preciso me relacionar dentro dos critérios deles. Preciso respeitar, ir devagarinho, no tempo deles, com paciência. Aquele que valoriza a imortalidade sabe que precisa de paciência.

Vai chegar o momento em que será possível olhar para a foto criada na sua mente, para as cenas que reconstituem toda a família que você construiu, e ficar muito feliz por todos os momentos (mesmo aqueles mais desafiadores). Será nesse instante que sentirá que o mentor agora é você, e filhos e netos aguardam as lições a serem aprendidas. A vida ensinou muito, e está na hora de compartilhar essa vivência tão rica, passar esse bastão, não só patrimonial ou de gestão da empresa, mas do real legado. E se puder registrar esses momentos de mentoria, contando sobre a trajetória que percorreu, a história da família, melhor ainda. Ficará mais fácil consultar, criando o protocolo familiar, por exemplo.

Se os pais e os filhos começarem a conversar de verdade, já será um passo gigante; e espero ter contribuído nesse sentido. Sei que haverá obstáculos, e estou feliz por poder encurtar esse caminho para você. Não com atalhos, nada disso, mas com direcionamentos que, em algum momento da sua vida, serão necessários.

Passamos por todas as etapas até agora e só falamos de vida. Você pôde compreender a ideia do legado – não só patrimonial, mas também intangível –, relacionamento, experiência, conhecimento, vivência, erros e acertos. Conseguimos dialogar sobre o futuro, romper algumas barreiras, ouvir e ser ouvido. Derrubar opiniões preconcebidas e realmente entender o outro dentro do próprio universo, que é tão rico, mas que precisa que você tenha vontade de conhecê-lo.

Eu penso que, sim, podemos ser imortais, porque quanto mais eu trabalhar passando meu conhecimento e quanto antes isso acontecer, tudo fará mais sentido, ficará mais forte e, sem descendentes ou com descendentes, isso será levado para outras gerações.

Então, pergunto: qual é sua motivação, o que motiva sua ação? O que vai fazer a partir de você? Qual é a mudança que você vai gerar na sua linha do tempo? Na linha do tempo da sua família, da sua dinastia, do seu clã? Você já é imortal?

O único tempo que temos é o presente, pois o passado já foi, e o futuro não chegou. Então, o que você vai fazer hoje para a mudança partir de você? Não é amanhã, é hoje. Sei que existe algum ponto em que você pode melhorar. O que pode ser feito hoje? "Posso ensinar meu filho a cuidar dos cavalos ou das galinhas." "Posso orientá-lo que ele deve ser gentil com todos que trabalham na empresa, independentemente do cargo."

A partir de agora, quando pensar ou falar em sucessão, na mesma hora associará com o "sucesso grande", que é sua vida organizada, protegida e perpetuada dentro do coração e da mente dos seus filhos e netos. Todo mundo pode preservar o próprio legado, tangibilizando o intangível, o imaterial. Desfrute da sua melhor essência na presença dos seus queridos. Aproveite!

Não sabemos qual será o alcance dos nossos ensinamentos nem como esse conhecimento reverberará nas pessoas, mas é de vital importância que acionemos o que sabemos e coloquemos movimento nessa equação, gerando evolução contínua nos mais novos. Essa permanente postura de aluno e de professor garantirá sua imortalidade. Vamos juntos!

Conte comigo nessa nova jornada!

Conteúdo extra: dicas sobre sucessão

Acesse o QR Code para mais dicas sobre holding familiar e planejamento sucessório.

https://estevesholding.com.br/conteudosextras

Meus site, e-mail e rede social:
- https://estevesholding.com.br
- https://felipe@estevesholding.com.br
- https://www.instagram.com/holdingfamiliar/